恐怖箱

怨霊不動産

加藤　一
編著

竹書房
怪談
文庫

※本書に登場する人物名は、様々な事情を考慮してすべて仮名にしてあります。また、作中に登場する体験者の記憶と体験当時の世相を鑑み、極力当時の様相を再現するよう心がけています。現代においては若干耳慣れない言葉・表記が登場する場合がありますが、これらは差別・侮蔑を意図する考えに基づくものではありません。

巻頭言

箱詰め職人からのご挨拶　加藤一

本書『恐怖箱 怨霊不動産』は、瑕疵物件・事故物件に因んだ怪談集である。

学生が大学の側に借りた賃貸のボロアパートから、一国一城の主たる念願の店、一世一代の夢のマイホームですらも、〈彼ら〉の標的たり得る。以前の住人が何かやらかした果ての中古の部屋に限らず、まっさらな更地に建てた新築の我が家であってすら、自分の手に収まる以前の埋もれた履歴の中に、どんな悪縁がこびりついていたかなど知る由もない。大家も管理人も不動産屋も工務店も、家に関わる誰もが誠実であるはずだが、彼らの誠実さが及ばないところから、怪異がひっそりと芽吹いたりする。最も寛げる場所であるはずの我が家の中に、逃げ場のないホラーハウスが顕現する――。

物件怪談というのは、実は病院怪談と並んで実話怪談の定番中の定番である。つまり類話が出尽くしているジャンルであるとも言える。本作では、事故物件の雄たる住倉カオス氏をゲストに迎え、不動産怪談の極北を目指す所存である。

読者諸氏に於かれては、上京を間近に控えて新生活のための不動産屋巡りをする、あの懐かしい気持ちに立ち返って頁を手繰っていただきたい。

目次

その箸を遣ふ者なし夏の夕

ここ最近の事故物件ブームの煽りもあってか、そもそも怪談に興味がなさそうな人も含め、多くの人々から物件に纏わる話を聞いた。

「……というのも、そこでは以前自死した人がいて」

「……というのも、そこでは孤独死した老婆がいて」

怪談は時代を映す鏡だ。

この国の自殺率、高齢化社会、福祉問題などのトピックが、皆の語る事故物件怪談の締めの言葉から窺(うかが)える。

正直、事故物件に関する怪談を書くのは辛い。何故なら余りに生々しく人の悲しみを感じてしまうからだ。

だが、書かねばならないのだろう。

怪談を綴って時代を映さねばならないのだろう。

背負った業に対するせめてもの抵抗として、起きた場所、時期などは全て秘す。

誰かの悲しみが蘇りませんように。

溺死

兵藤君は大学生時代の一時期、「出る部屋」に住んでいた。

「出る」タイミングに法則性はなく、三日続けて「出る」こともあれば、何カ月も「出ない」こともあった。「一人で部屋にいる夜の、油断しているときに出る」と兵藤君は語る。

テレビを観ていると、個室トイレから「ごぼごぼごぼごぼ」と音がする。

その太く大きな音から、最早一切の比喩表現が浮かばない。

人が洋式トイレの便器に入った水に顔を沈めて、呼吸を苦しくしている音なのだ。

音が止んで暫くしてから、用を足しにトイレに入る度に、ここのトイレ、水面高いもんなあ、と思う。

顔、入れられるもんなあ。


アパートに入居し初めて音を聞いたときは、すぐにトイレのドアを開けて、溺れる男の背中を確認した。

何故そこに急に現れたのかを不思議に思う余裕はなく、人命救助のために手足をばたつかせる男を引っ張りだそうとした。

すると手が触れる直前に男は消え、兵藤君は、どん、と背中を押された。

勢い転び、次に便器に顔を埋めたのは兵藤君だった。

ごぼごぼごぼごぼ。

強い力で頭を押さえつけられ、殺されると覚悟した。

意識を失いかけたときに、ジャーッと音がし、水が吸い込まれた。

息ができるほどまで水面が下がった頃には、頭を押していた力は消えていた。


命からがらの体験をしつつも、兵藤君がやっとそこから引っ越したのは、学部を変え、校舎が遠くなってからのことだった。

特に安くもない家賃で、築年数もさほどではない洋室だったそうだ。

兵藤君は「溺れる音に慣れれば、まあまあ大丈夫でした。相手しなければ、まあまあ……」と話した。

ひょっこり

ガチャリと鍵を掛けていたはずの玄関ドアが僅かに開く。

「あっ」

年配の女性が顔だけを部屋に入れてくる。

「……ここで、息子が死にました」

それだけ告げて、女性はドアを閉める。

確認すると、やはり内鍵は掛かっている。

その安アパートに住んでいた三年の間に、これが八回起きた。

内見

業者がスリッパを置き、私はそれに足を通した。

「ああ、広さとか丁度良いですね」

「ええ。ちょっと収納が少ないんですけど、家賃の割りに場所も良いですし」

業者は流れるような動きで、観音開きのクローゼットを開けた。

クローゼットの中には煤(すす)けたうさぎのぬいぐるみ。

「あれえ」

業者はまたも流れるようにうさぎを拾い、小脇に抱えた。

三日後。

業者は再びその部屋の玄関にスリッパを置いた。

「やっぱりこの部屋にしようと思うんです」

内心では殆(ほとん)ど決めていたのだが、私はもう一度内見を希望したのだった。

「ええ。ここはお薦めですんで。ただ収納がねえ……あれえ」

クローゼットにはまた、うさぎ。

「捨てたんすけどねえ」

私はこの業者本人か或いは見ず知らずの誰かの悪戯だろうと思ったが、酷く胸が悪くなったのでそこに住むのは止めることにした。

哀願

現場に向かう前、作業員には社長から事前の注意があった。

「今日の現場、独居老人が死んだ家だっていうから。壊すときに気を付けてな。気持ちの問題だけど、こういう現場って怪我したりするから」

作業員達はそれぞれ準備をし、油圧ショベルが最初の一撃を入れるために庭に据わった。

ホースから勢いよく水が出て、家を濡らす。


壊さないでぇ〜。


弱々しい声と挙げた両腕を漂わせながら、白髪の男性が現場に入ってきた。

何事かと作業員の視線が男性に集まる。

壊さないでぇ〜。

壊さないでぇ〜。


言いながら、男性は家屋の玄関戸を開け、中に消えた。

「社長。この現場、どうします？」

職長が電話で会社に報告した。

「……ええ。中にはいません。でも、入りました。みんな見ました。ええ。本当です。裏口なんかありませんよ。窓？　周りは藪だらけっすよ。出てきたら分かりますよ。ええ。ええ。まだ濡らしただけです。どうします？　ええ？　やっぱり壊すんすか？　みんなビビっちゃってますよ。マジっすか？」

結局、一同は解体作業を進めた。

怪我こそなかったが、終始現場の雰囲気は悪かった。

そっと抱きしめて

英子の母は、片付けたら本当にいなくなっちゃう気がする、とその部屋の家賃を払い続けていた。

萌香は時々、英子の母から鍵を借りてその部屋に入った。

高校時代、何度も遊びに赴いたアパートだ。

英子は、古い八畳間の壁に好きな映画のポスターを貼って生活を彩っていた。

型の古いテレビを目の前にすると、ついつい萌香はあの頃に戻ってしまう。

大学は何処に行こうか。

彼氏欲しいな。

ねえ、今度カラオケ行かない。

思い出の中にある他愛のない会話が、今は宝物だ。

ある日、突然死んだ友達。
若い萌香は人が不整脈で死ぬことがあるとは信じられず、暫くは悲しくもなかった。
悲しくなったのは、毎日の中でふと残酷に訪れる喪失の断片のせいだった。
学校の廊下で、英子とすれ違わない。
週に一度も、英子と遊んでいない。
あれだけ届いた英子からのショートメールはもう来ない。
別れから既に五年が経っていた。
萌香は時々、部屋に入る。
そして、「英子」と名を呼ぶ。
すると、涙が溢れる。でも、それでいい。
萌香は泣きたいときにここに来る。
心が弱ったときにここに来る。
「英子」
手を握られる。
友人の姿は見えない。
きっと気のせい。

でも、この気のせいが今は欲しいんだ。
後ろから抱きしめられる。
気がしている。
気がしているだけ。
「英子」
友達はここにいる。
私の友達は、ここにいます。
気のせいじゃないんです。

います。

ペットボトルの部屋

女子大生の真衣香さんは、大学の近くにアパートを借りて住み始めた。やがて彼女がテレビを観たり、勉強をしているときに限って、風呂場から足音が聞こえてくるようになった。ドスッ！　ドスッ！　と、地団駄を踏むような大きな音が響いてくる。何事かと驚いて様子を見に行ったが、恐る恐るドアを開けてみると、足音はやんで誰もいなかったという。そんな現象が頻繁に起こるようになった。

また、風呂釜のガスが点火し難かったので、業者に修理を頼んだときのこと。やってきた業者の中年男性が「椅子をお借りできますか？」と言う。

真衣香さんは言われるままに、買ったばかりの木製の椅子を渡した。

その直後、風呂場から、ドオン！　という重々しい衝突音が響いてきた。何事かと様子を見に行くと——。

風呂の洗い場に業者の男性が転倒している。椅子の脚四本が全て折れていた。

「……だ、大丈夫ですか!?」

長身の男性は、ばつが悪そうな顔をしながら立ち上がってきた。

「すみません。お騒がせして……。乗った途端に、脚が折れてしまって……」

幸い、大きな怪我はしなくて済んだらしいが、椅子は使い物にならなくなった。

しかし、男性が修理を終えて引き揚げたあと、真衣香さんは不可解に思った。風呂釜は男性の腰よりも低い位置にあるのに、何故椅子が必要だったのか、そして新品でしっかりした造りの椅子が何故急に壊れたのか、訳が分からなかったそうだ。

ただ、気味が悪いとは思ったが、引っ越しはしたくなかった。駅の近くで便利な場所だし、引っ越しにはそれなりの費用と労力が必要になるので、何とか我慢しようと思っていたという。


月日が過ぎて、十月の夜のこと。

午後十一時頃に真衣香さんは、天井の蛍光灯を消して豆球だけを点け、ベッドに入って眠ろうとしたものの、どういう訳か、なかなか眠れなかった。仰向けになっていたのだが、一時間経っても眠れず、腰が少し痛くなってきたので、寝返りを打って横向きになろうとした。ところが……。

身体が動かない。

(あれ、どうしたのかな?)

と、思う間に部屋の中が真っ暗になった。独りでに豆球が消えたのである。

そして窓のほうから、何かが部屋に入り込んできた。窓は閉めて鍵を掛けてあったはずなのに、音もなくカーテンを突き抜けて、大きなものが現れたのだ。

それは透き通っていながら、肉眼で確認することができた。つるりとしていて、何処か巨大な空のペットボトルを思わせる。しかも五体があり、人間の形をしていた。頭の天辺が三角状に尖っている。フードを被っているようだ。背は高くて、一八〇センチほどあった。

このとき部屋の中は真っ暗だったというのに、どうして透明なものを目視できたのか、真衣香さんには分からなかった。ペットボトルのような人影は、彼女の近くまでやってきた。ベッドの上に飛び乗ってくる。

それと同時に、真衣香さんは呼吸ができなくなってしまった。

人影は両足を広げ、真衣香さんの両足を挟み込むようにして佇んでいる。

(うう……。く、苦しい！　ど、どうしよう!?)

真衣香さんは狼狽(ろうばい)した。依然として身体は少しも動かず、息を吸うこともできない。

人影は仁王立ちしていた。表情は全く窺えないが、こちらを見下ろして面白がっているように思える。

（殺さ、れる……？）

死が、真衣香さんの脳裏をよぎった。人影が更にベッドの上を歩いて、腰の辺りまで前進してくる。

（もう、だ、め、だ……）

人影が真衣香さんの腹の上に、ドスン！　と勢いよく尻餅をついた。

「ぎゃ、ふうっ！」

漸く声が出る。しかし、そこまで呼吸ができずにいた真衣香さんは、一層息苦しくなって、失神してしまった。


目が覚めると、部屋の中は豆球が点いていて、ペットボトルでできたような人影は姿を消していた。真衣香さんはすぐに部屋の中を調べたが、窓にはやはり鍵が掛かっており、玄関のドアも同様で、何者かが外から侵入してきた形跡は残っていなかった。時計を見ると、午前三時になっていたという。

（夢だったのかしら？）

だが、少し息苦しくて、人影に乗られた腹部には痛みが残っている。

朝が来ると、真衣香さんは体調不良を理由に大学の講義を休むことにした。実際、気分が悪かったのである。それでも、近所の不動産会社へ足を運んだ。

(あんな部屋、もう一日だっていたくないわ)

応対したのは、前にも会ったことがある人当たりが良さそうな男性社員だったので、思い切って訊いてみた。

「あの……実は、あの部屋、出るんですよう」

「出る、って？　……ゴキブリが、ですか？」

「いえ……。幽霊ですよ！」

「ほほう！」

男性社員は目を丸くした。

「あのアパートって、前に住んでいた人が亡くなったこととか、ありませんか？」

「いいえ。前に住んでいたのも、今住んでいるのも、若い学生さんばかりなので、亡くなった方はいませんよ」

この不動産会社で条件に合う他のアパートが見つかったのだが、翌月にならないと入居できないという。翌月までにはまだ十日もある。いずれにしても引っ越しの準備があり、今日明日で今借りている部屋から出られるはずもなかった。

今夜は何処で過ごせば良いのか？　公園のベンチに座って熟考した末に、大学の学友達に電話で相談してみた。

すると、学友の一人である純玲（すみれ）が、

「うちは家族と同居してるから駄目なんだけど、桃子なら、喜んでそういう部屋に泊まりたがるんじゃない？　独りで寝泊まりするのが怖かったら、泊まってもらったらどう？」

真衣香さんは、同じ大学に通う桃子の存在は知っていたが、それまで余り付き合いがなかった。しかし、純玲は仲が良くて、桃子に話をしてくれるという。

こうして純玲に連れられて、桃子が真衣香さんのアパートへやってきた。桃子は怪談が大好きなのだが幽霊を見たことがないので、是非見てみたいと常に思っていたそうだ。休日はよく怪異が起こるといわれる墓地や廃墟、トンネルなどに出かけているのだという。

「それは、どんな人と一緒に行ってるの？」

真衣香さんが訊くと、桃子は笑って答えた。

「大学の友達は一緒に行ってくれないから、バイトの同僚とか、こっちに出てきてる高校時代の友達とか……。でも、誰も一緒に行く人がいないときは、独りで行ったこともあるよ」

「ええっ！」

真衣香さんは呆れ返った。もっとも、目的は一致しているし、頼りになりそうだ。

一夜目は三人で寝泊まりしたが、翌日、純玲は自宅へ帰り、二人になった。

二夜目、三夜目が過ぎてゆく。その間、桃子は真衣香さんのアパートから通学していたが、怪異らしい現象は何も起こらなかった。

「何も起きないね」

「二人でいるからかなぁ？」

そこで桃子がこんな提案をした。

桃子もアパートに住んでいるので、真衣香さんは桃子のアパートへ行って、何日か寝泊まりし、桃子はこの部屋に残って、それぞれ独りで寝泊まりする、というものである。アパートを管理する不動産会社からは禁じられている行為だが、短期間なら問題ないだろう、と考えて、真衣香さんも承諾した。

翌日は休日で、昼間、カフェで一緒に食事をした。そこで桃子が唐突にこう言った。

「ねえ……。人間って、何のために生きるんだろうね？」

「何よ、いきなり？　難しい質問ねえ」

真衣香さんは即答できずに苦笑した。

「何でもいいんじゃないの。その日その日が楽しかったらさ……」

そうだよね、と桃子は屈託ない笑顔を見せた。

真衣香さんは寝泊まりするための荷物を持って、桃子の案内で彼女のアパートへ足を運んだ。部屋に入ると、桃子が小学生の頃から書いてきたという日記を見せてくれた。

その最後のページには、こう書いてあった。

『私は二十一歳の十月に死んだ』

早生まれの真衣香さんはまだ二十歳だが、桃子は既に二十一歳になっていた。

「何、これ？　今、こうして生きてるのに、何でこんなことを書いてるの？」

「……何のこと？」

日記帳を手にした桃子は、飛び出さんばかりに目を剥いて、口をあんぐりと開けた。このとき桃子が見せた唖然とした表情を、真衣香さんは忘れられないという。

「こんなこと！　あたし、書いた覚えないのに！」

驚愕している。

「でも、これは、あたしの字だわ……。どうして、こんな……？」

桃子の態度には、それまでの余裕が感じられなかった。真衣香さんは心配になったが、桃子は気を取り直して、「大丈夫！」とにっこり笑った。計画通りに部屋の合い鍵を交換すると、桃子は真衣香さんのアパートへ独りで引き返していった。

だが、翌日、桃子は大学の講義に出席しなかった。その翌日もである。

先日のことがあったので、真衣香さんは酷く気がかりであった。前夜からスマートフォンに電話を掛けても出ないし、メールやＬＩＮＥにも応答がない。それで純玲に事情を話し、この日の講義が全て終わってから、一緒に自分のアパートへ向かった。

日没の頃、アパートに到着すると、ポストに朝刊が入ったままになっている。

「具合が悪いのかな？」

心配しながら部屋の呼び鈴を鳴らしたが、桃子は出てこなかった。ドアには鍵が掛かっている。そこで真衣香さんは持っていたスペアキーを使ってドアを開けた。部屋に入って、蛍光灯を点ける。

桃子はベッドにいた。こちらに背を向けて寝ている。

「どうしたの？　大丈夫？」

真衣香さんはベッドに近付き、桃子の肩に手を当てて揺さぶってみた。反応がない。

桃子の身体は冷たくなっていた。死んでいたのだ。

愕然としたところへ、純玲が甲高い悲鳴を上げた。真衣香さんが驚いて振り返れば、

「あれっ！　あれをっ！」

と、窓辺のほうを指差している。

そちらへ視線を向けると、閉め切られた厚手のカーテンの前に、いつしか異様な人影が立っていた。空のペットボトルのように透き通ってはいるが、肉眼で目視できるもので、人間の形をしている。

（あ、あいつだっ！）

真衣香さんも堪らず悲鳴を発していた。

透き通った人影は次の刹那、カーテンに吸い込まれるかのように、その姿を消した。

真衣香さんと純玲は暫し呆然としていたが、我に返って警察に通報すると、例の人影のことから発見に至るまでの経緯を刑事に話した。刑事は真顔で熱心に話を聞いてくれたそうである。とはいえ、室内には真衣香さん達三人の他に誰も入った形跡がなく、例の日記に遺書めいた一文が書き遺されていたことなどから、桃子の死は自殺と断定された。

桃子は自殺装置のような物を作っており、電気コード二本のプラグを左胸と背中に当てて、ガムテープでぐるぐる巻きに貼りつけ、タイマーをセットしてから、睡眠薬を飲んで眠っていたらしい。時間になったら電源が入って高圧電流が流れ、心臓に強い衝撃を与えて死に至る仕組みになっていた。タイマーは午前三時で停止していた。

だが、桃子が自殺する動機はないように思えたし、大学の専攻は日本文学だったので、電機部品の取り扱いにここまで知悉(ちしつ)していたことは、特に仲が良かった純玲でも知らなかったという。真衣香さんは腑に落ちなかったが、殺害された証拠は何も出てこなかったらしい。

真衣香さんは刑事に、不動産会社で訊いたのと同じことを訊ねてみた。

「あのアパートって、前に死んだ人がいましたか？　自殺とか、殺人事件とかで……」

「いいや。あそこで事件は起きてないよ」

それ以外のことは、何を訊いても教えてもらえなかったそうだ。


気になった真衣香さんは、警察の事情聴取が終わると、自宅アパートの近くにある美容室へ行き、中年の女性美容師に話を聞いてみた。警察が出入りしていたので、美容師も桃子の自殺騒ぎのことは知っていた。

「あのアパートができる前のことって、何か御存知ありませんか？」

「そうねえ……。一戸建ての家が建っていましたよ。……ああ、そういえば、その家も息子さんが二十代で自殺したのよね。電気コードとタイマーを使った、って、お客さんから聞いたことがありますよ」

真衣香さんは震え上がった。美容師は桃子が自殺した方法までは知らなかったはずだからだ。

結局、ペットボトルの人影は何者で、この一件とどんな関連があるのかは、分からず仕舞いであった。真衣香さんはネットカフェで数夜を過ごしてから、引っ越したそうである。

封印の家

小山さんがそのアパートを選んだ理由はただ一つ、安いからである。

離婚したばかりの小山さんにとって、それは何よりも優先する事柄であった。

離婚の原因は夫の借金。その切っ掛けは女遊びだ。

ある日のこと。仕事一筋の人生を歩んできた夫は、上司の誘いを断りきれず、風俗店に行った。

そこで経験したことのない快楽に出会ってしまった。

店の常連になり、お気に入りの女の子を見つけ、使う金額は倍々に増えていった。

遂には老後の資金にまで手を付け、サラ金に追われるようになったのである。

幸いといっては何だが夫婦には子供がおらず、小山さんは躊躇（ちゅうちょ）なく離婚を選んだ。

裸同然でも、夫の借金に付き合うよりマシである。とりあえず、早急に新居を探さねばならない。

見つけたのが、とある駅から徒歩十分のアパートだ。その一室が異様に安い。

世間一般の相場の半額以下だ。何か曰くがなければおかしい。

小山さんが口を開く前に、人の好さそうな不動産屋は丁寧に説明を始めた。

その部屋で暮らしていたのは三人家族。中年夫婦と夫の母親である。母親は要介護者であり、人の手を借りなければ外出できない身体であった。

いつの間にか姿を見なくなり、老人ホームに行ったのだろうと噂されていたが、実は違った。

母親は押し入れの中に放置されていたのである。助けを呼ぶ体力すらなく、死を待つだけであった。

夫の弟が訪れなければ、明るみに出なかったであろう。骨と皮だけになった母親は、病院に向かう救急車の中で亡くなった。

夫婦が乗った車は、救急車の後ろを走っていたのだが、いつの間にか逃げ出していたらしい。

その後、どうなったかは不動産屋の知る由ではない。三カ月分の家賃を踏み倒され、しかも家具はそのままである。

連帯保証人は話し合いに応じようとせず、結局は相手方不在のまま明け渡し訴訟を行った。

母親が亡くなったのは室内ではなく、それに至った経緯も公にされていない。

となると、瑕疵物件として紹介する必要がない。

一カ月後、若い女性が入居を決めた際も説明しなかったのだが、たった一晩で秘密は明るみに出た。

女性が、新生活最初の夕食を摂っていたときのことだ。目の前で、押し入れの戸がするすると開いた。

押し入れの奥に、骨と皮だけの老婆がいた。老婆はゆっくりと口を開け、何やら呻いている。

逃げ出した女性は友人の家で一晩過ごし、開店と同時に怒鳴り込んできたのだという。

その後、若い夫婦が入居したときも同じように老婆は現れた。当時の担当者の説明が足りておらず、賠償問題にまで発展してしまった。

賃貸のリストから外せば済むことだが、アパートの持ち主が承知しない。管理する立場の不動産屋としては逆らいようがない。

それから三年経つ。法律的には瑕疵物件の説明は不要だが、二つの前例があるだけに、希望者には包み隠さず全てを明かして諦めてもらうのだという。

事情を知った小山さんは、不動産屋が驚くほどあっさりと契約した。

日常生活が元通りになるまでの我慢だ。というか、選べるほど余裕はない。

覚悟を決め、新居での生活が始まった。実際に見た部屋は日当たりもよく、曰く付きとは思えなかった。

問題の押し入れは奥の間にある。とりあえず放置。荷物を解き、安いスーパーを調べ、アルバイト雑誌を熟読する。

忙しく動き回り、夕方を迎えた。食事を用意しながら、小山さんは流石に押し入れが気になってきた。

開けたらお婆さんが寝ていたりして。いやいや、まさかそんなこと。でも、何人も見てるんだよね。

頭の中をぐるぐると思考が回る。気が付くと、押し入れを見つめたまま五分経過していた。

このままではいけない。何とかしないと。

不動産屋の話を思い出し、解決の糸口を探す。骨と皮だけか。何も食べさせてもらえなかったんだろうな。

考えてみれば、余りにも可哀想な最後だ。怖がるほうがおかしいのかもしれない。

気を取り直した小山さんは、思い切って押し入れを開けた。当然ながら空である。

ふと思い立ち、炊けたばかりの白飯と味噌汁を供え、簡単なお経を上げた。

心なしか空気が和らいだ気がする。結果として、小山さんは穏やかな朝を迎えられた。

恐れずに供養したからだと確信した小山さんは、その後も晩飯時に白飯と味噌汁を供えた。

無事に仕事を見つけ、無我夢中で働く小山さんにとって、平穏な毎日は何よりも有り難い。

そうやって何も起こらないまま、一カ月が過ぎた。

いつの間にか小山さんは、この部屋が瑕疵物件だということを忘れていた。


季節は夏になった。扇風機の生ぬるい風に当たりながら夕飯を食べていた小山さんは、誰かの視線に気付いた。

辺りを見回すまでもない。視線の主は目の前にいた。

押し入れの奥に老婆が寝ている。聞いていた通り、骨と皮の痩せこけた老婆だ。

怖いのはもちろんだが、今頃になって何故という疑問が大きい。

そのおかげで、冷静に老婆を観察できたという。老婆の視線は、小山さんの手元に向いている。

漸く気付いた。暑さでぼんやりしていたせいか、お供え物を忘れていたのだ。

慌てて台所に向かう。味噌汁は作っていない。白飯が少し残っているだけだ。

小さなおにぎりを作り、そっと押し入れに差し出す。老婆はおにぎりを見つめながら、じわじわと消えていった。

いつもそうなのだ。お供え物が実際に減ったことはない。

ただ、必ず腐る。

独特の異様な臭いを発するため、急いで捨てるしかない。

今回のおにぎりも同様に腐り果てて臭った。後片付けをする手が震える。鳥肌も立っている。

漸く心の底から恐ろしくなってきた。同時に、腹が立ってきたという。

どう考えてもおかしい。節約し、食費も切り詰めているのに、捨てるしかない飯を作るなんて。

無傷で残るなら弁当にでも使えるだろうが、御丁寧にも毎回必ず腐らせる。

言うならば、馬鹿夫婦が放置した婆さんの面倒を看ているようなものだ。

考えれば考えるほど怒りが増してくる。あの婆ぁをどうにか退治できないものか。

塩や酒は効果がないように思えた。実際、このおにぎりにも塩を使ってある。

一度、粕汁を供えたときも平気だった。あの意地汚い婆ぁは、口に入る物なら何でも良いのだろう。

お祓いしてもらう金などないし、不動産屋には頼めない。霊がいなくなったら、部屋代を上げられる可能性が大だ。

散々考え抜いた挙げ句、小山さんは強力な粘着テープを買ってきた。

押し入れの戸に何重にも貼りつけていく。僅かな隙間すら残さず、塗り潰すように貼っていく。

要するに押し入れが開かなければいい。馬鹿夫婦と同じように、無視すればいいだけの話だ。

このガムテープを引きちぎって出てくるようなら、そのときは大人しくお供え物を復活させる。

そこまで決めて、小山さんは翌日の夜を迎えた。

結果として、老婆は何もしてこなかった。一度だけ、押し入れの戸をカリカリと引っ掻く音がしただけだ。

小山さんは生活の立て直しに成功し、一年目にしてまともな家に引っ越せるまでに至った。

既に荷物は新居に送ってある。一年で少し増えたが、それでも段ボール箱三つで足りた。

部屋を引き払う朝。

部屋の掃除を終えた小山さんは、押し入れの粘着テープをそのままにしておいた。

ほぼ十カ月、閉じ込めた状態だ。このところ毎晩、呻き声がする。かなり怒っているのが分かった。

今開けるのは、非常にまずい気がする。不動産屋に任せよう。何一つ文句も言わず、一年暮らしてやったではないか。

むしろ礼を言われても良いぐらいだ。

小山さんは、新天地に向かって颯爽（さっそう）と部屋を出た。

スパイス

峯石さんは住人の退去後、部屋の清掃や修繕に掛かる費用の見積もりを担当している。

人が亡くなった後の部屋を担当したことも何度かある。最初のうちは色々と思うところもあったが、もう慣れてしまった。

「それ以上とか以下とか、ランク付けするつもりはありません。それでもどうしても慣れない。身体が受け付けない物件があって」

そこは留学生に貸し出している建物だ。

いつ、どの部屋にいっても香辛料臭い。ここ以外でも人が住んだ部屋に臭いは残るが、ここは全く別物。食文化の違いかもしれないが、何度来ても「うわっ」と声が出た。

その日。仕事で空室になった部屋に入った。
ドアを開けてすぐ、強い香りが鼻を刺激する。複数の香辛料を混ぜたような臭いだ。部屋に残留物はない
（またか……）

他の部屋にも仕事で来たことはあるが、どの部屋もこの状態だ。清掃すると一時的に収まるが、住人が出ていった後はこの状態に戻る。

少しでも楽になりたいと、通路側にある台所と、ベランダに出る窓を開けた。

部屋はワンルーム。特に修理しないといけないような破損はない。清掃担当者に引き継いで終わり。予算もそれほど掛からないだろう。早くここを出て、勤務先に戻りたかった。

鼻をいじりながらキッチンのほうを確認していると視線を感じる。

台所の窓から年配の女性が覗いていた。赤い髪。日本人のお婆さんだ。ここは外国人以外契約していない。年寄りもいないはずだ。入り口はオートロックではない。建物内に入るのは容易だが、部外者が出入りするような場所でもない。以前からこのお婆さんは見かけており、勤務先にも報告している。

「注意とかそういうのはしなくていいから」

放っておけということだ。だから峯石さんも見かけても気付いていない振りをする。すぐにいなくなるし、話し掛けて揉めるようなことは避けたかった。

過去に一度、峯石さんがここへ仕事で来た後に、遅れてもう一人男性社員が来たことがある。

台所の窓から、あのお婆さんが覗いている。その直後「お疲れ様です。遅くなりました」と元気な声でドアを開け、社員が来た。

「そこに、今、お婆さんいただろ」

「誰もいなかったですよ。それより、ここ独特の臭いしますね」

建物に入ってから誰ともすれ違っていないし、見かけてもいないという。

「この物件、長く勤務している人ほど嫌がりますよね」

あとから来た社員が玄関で靴を脱ぎながら話している。この臭いが嫌がられる原因でしょうという口振りだ。峯石さんは適当に相槌を打つ。彼は今日ここに初めて来た訳ではないが、まだお婆さんの存在は知らないようだ。

以前、ここに住んでいる外国人留学生から聞いたことがある。

――ここ、日本人の幽霊が出る。お婆さんとお爺さん。

(この臭いとお婆さんだけでも、ちょっと精神的に参ったなぁと感じるのに)

お爺さんにはまだ会ったことがない。

峯石さんは可能な限り、この物件は他の人に任せたいと考えている。

幸運な家

旧友の渡瀬さんが、妙な部屋の話を提供してくれた。


渡瀬さんの勤務先に坂上という女性がいる。

大学を卒業したばかりの新人だ。暫くは会社の独身寮で生活していたが、一昨年の冬にマンションへ引っ越した。

通勤時間や生活費よりも、制約のない暮らしを選んだという訳だ。

面白いことに、引っ越してからの坂上は評判がすこぶる良くなった。

とにかく仕事のミスがない。少ないのではなく、皆無なのだ。

人当たりも良く、上下を問わず誰からも好かれる。

取引先の担当者にも気に入られ、新規の受注も取ってくるようになった。

もちろん、渡瀬さんも例外ではない。

坂上の爽やかな笑顔や心地よい声、男性に媚びない聡明な仕事ぶりは、同性の目から見ても好感が持てる。

住環境が良くなるだけで、人はここまで変わるのか。

興味を覚えた渡瀬さんは、坂上の部屋が見たくて堪らなくなった。

下手な理由をでっち上げるのは止め、部屋に興味があると正直に伝えた。

坂上はあっさり許可してくれた。見学料は美味しいワインでと軽口を叩かれ、渡瀬さんも笑顔を返した。


その週の日曜日。どうせならゆっくり昼食でも、とのことで、渡瀬さんは昼前に到着した。

駅から少し離れた小高い丘の上だ。

坂上はジーンズに白いTシャツ姿で出迎えてくれた。

見学料のワインを渡し、渡瀬さんは期待を胸に上がり込んだ。

風通しも日当たりも満点だ。リビングの窓から見える景色も抜群である。

隅々まで掃除が行き届き、洒落た家具が置かれ、文句の付け所がない部屋だ。

雑誌に掲載されてもおかしくないレベルである。ストレス解消に最適の空間なのは間違いない。

ところが何故か、渡瀬さんは居心地の悪さを感じていた。

この部屋の何が気になるのだろう。

もやもやした気持ちのまま、台所に向かう。

昼食の用意を手伝うついでに、台所も見学するつもりだ。少し手狭だが、使い易そうな台所である。

坂上はキャベツを洗っている最中だ。料理が好きなのか、鼻歌交じりである。

包丁を手に取り、手際よく刻んでいく。

「あ。見学者は座っててくださいよ」

「じゃあ、お言葉に甘えて座ってるわね」

それほど待つこともなく、料理が運ばれてきた。結構な品数だ。見るからに美味しそうである。

箸を付けようとした瞬間、渡瀬さんは気付いた。

見知らぬ女性がテーブルを囲んでいる。いつの間に座っていたのか、全く分からない。

女性は黒いスーツ姿だ。見た感じでは三十代前半、長い髪を後ろで束ねている。

坂上はまるで気にしていないようだ。

「あの、坂上さん、こちらの方は」

「先輩、このワインめっちゃ美味しいですね」

「あ、ああそう。ねぇ、こちらの女性は」

「サラダ美味っ！　うん、我ながら上出来」

無理に話を避けているようには見えない。坂上は食後のデザートを用意するといって台所に立った。

女性と二人きりになった渡瀬さんは、思い切って話し掛けてみた。

「あの、坂上さんのお身内ですか。それともお友達とか」

女性は渡瀬さんをじっと見つめ、にやりと笑って一瞬で消えた。

声を上げるのも忘れるほど鮮やかな消え方である。

坂上はデザートのケーキを持ってきた。背後に先程の女性がいる。声もなく笑っている。

坂上が座ると同時に、またもや一瞬で消えた。

折角のケーキだが、味がまるで分からない。渡瀬さんは急用が入った振りを装い、退席を申し出た。

坂上は残念そうに玄関まで見送ってくれた。すぐ隣に女性がいる。腹を抱えて笑っている。

渡瀬さんは挨拶もそこそこに、急ぎ足でマンションを出た。

坂上が変わった原因があの女性かどうかは定かではない。とにかくその後も坂上は幸運に恵まれ続けた。

得意先の社長の息子と婚約した直後、宝くじで高額当選したらしく、即金で家を買った。

あの部屋を引き払ったのは今年の初めだ。

新居に向かう途中、坂上は交通事故を起こし、左足を失った。

これが発端である。

入院している間に、折角購入した新居が原因不明の火事で全焼した。婚約も破棄され、事故の後遺症で視力を失った。

母親が癌に倒れたため退院後は故郷に帰ったとのことだが、郵送した離職票は住所不明で戻ってきたらしい。

今現在、生きているか死んでいるかも分からないという。

引き継ぐ家

丸谷さんが一人で暮らしていたのは、今から五年前のことだ。

親の反対を押し切り、半ば家出の状況のため、なるべく安い部屋を探していた。

何日掛けても探し出す覚悟だったが、あっさりと半日で見つかった。

交通の便も周辺環境も抜群だ。希望する賃料より少し高いが、十分頑張れる範囲である。

一つだけ気になることがあった。それほどの好条件にも拘わらず、住人が少ない。

丸谷さんが契約した五階に至っては、自室を含めて二部屋しか借りられていない。

不動産屋の説明によると、たまたま契約を終えた人が重なったらしい。

新生活初日の夜。エレベーターを待っていると、黒いスーツ姿の若い女性が隣に並んだ。

軽く会釈し、もそもそと口の中で挨拶をする。女性のほうは明るくハッキリと返事をしてきた。

「こんばんは。あ、もしかしたら引っ越してきた人？　私、同じ階の上田。よろしくね」

そうだとも何とも言う前に、上田と名乗る女性は先にエレベーターに乗り込み、五階のボタンを押した。

エレベーターの中でも上田との会話は続いた。

「良かった、五階ってあたし一人だからさ、何か不安で」

上田の部屋は二つ隣だ。別れ際、上田は妙なことを訊いてきた。

「丸谷さん、子供は苦手かしら」

「いえ、特には」

「そう。良かった。それじゃ」

ドアを開けた一瞬、部屋の中が見えた。入ってすぐの廊下に、白い服を着た女の子が立っている。

若く見えるけどシングルマザーなんだな。

丸谷さんは納得して自室に戻った。

食事を済ませ、入浴中のこと。ふと見ると、曇った鏡に小さな手の跡が付いていた。

これが始まりだった。

丸谷さんの部屋は、常に何かの気配がするようになった。

ハッキリ見える訳ではない。気配を感じるだけだ。

曰く付きの物件というほどでもないが、このまま住み続けていて大丈夫なのか。

不安を拭えないまま、仕事に向かう。

その夜、帰宅した丸谷さんは、自室に戻りたくなくてエレベーターの前で立ち尽くしてしまった。

「こんばんは。今、帰り？」

いつの間にか、背後に上田がいた。訊くなら今しかない。

「どうしたの？　あたしの顔に何か付いてる？」

「あの……おかしなこと訊きますが、このマンションって」

全て言い終える前に上田は答えた。

「何か出た？」

「いえ、気配だけなんですけど。気味悪くって。あ、一度だけですけど、お風呂の鏡に小さな手の痕が」

暫く黙っていた上田は、落ち着いた声で言った。

「黙っててごめんね、感じない人のほうが多いから大丈夫かと思って」

上田の説明によると、気配の主は飯田小百合という女の子。

このマンションが建つ前、何軒かの家があった。

小百合はそのうちの一軒で亡くなっている。眠っている間の出来事らしく、自分が死んだことを分かっていない。

　だから今でも家族、特に母親を探している。

　何故、それほど事細かに知っているのかと訊くと、上田は事もなげに答えた。

「だって本人がそう言ってるし」

　気配に敏感な人は、不安で堪らなくなってしまい、具体的な被害がないのに部屋を引き払ってしまうのだという。

　その後も上田は、小百合の外見や特徴を丁寧に話し続けた。

「はいこれで全部。だから怖がらなくてもいいのよ。可哀想な子なんだから、受け入れるのは無理でも拒否しないであげて」

　上田とともに五階の共用部を歩く。上田がドアを開け、じゃあねと手を振った。

　思わず部屋の中を覗き込む。飯田小百合はいなかった。

　自分の部屋に着き、鍵を開ける。丸谷さんはドアノブを握ったまま、飯田小百合のことを考えた。

　上田が話してくれたおかげで、脳内では飯田小百合が完成している。

　怖がらなくていい。拒否しない。母親のような気持ちで接してあげて。

　上田の言葉を反芻しながら、ドアを開ける。

目の前に飯田小百合が立っていた。


上田の言う通りであった。小百合は特に何もせず、そこにいるだけである。

必ず視界の片隅にいるため、気にはなるが仕方ない。相手は可哀想な女の子なのだ。

翌日、帰宅した丸谷さんは上田の部屋の前で呆然と立ち尽くした。

上田が引っ越している。どういうことか理解できないまま、自室に戻る。

ドアにメモが貼ってあった。

『ごめんね、漸く引き継げたわ。あとはよろしく』

ドアを開けると、飯田小百合が待っていた。


丸谷さんも引っ越そうとしたのだが、何故かいつも忘れてしまう。

飯田小百合を引き継げたら出られるのだろう。それは分かったが、次の候補者はなかなか入居してこなかった。

結局、二年も掛かったという。

裏路地

「まあ、車なんて最初は要らないと思っていたんですけどね」

そう言って大崎さんが語り始めた話は、今から二十年ほど前に遡る。

当時、都内の投資会社に勤務していた彼は、会社から徒歩通勤圏内にあるアパートに一人で暮らしていた。

風呂なし、トイレ共同の、四畳半一間の木造物件である。

お世辞にも綺麗な住まいとは言えなかったが、その肩肘張らない過ごし易さと家賃の安さから、彼にとっては理想的な物件であった。

ところが、理想的とは言っても、残念ながらこの安アパートには当然の如く駐車スペースが存在していない。

勤め始めの頃とは違って、生活に多少の余裕が出てきた今となっては、自分の車がどうしても欲しくなってしまったのである。

「まず、駐車場がないと話にならないじゃないですか。それで……」

自宅付近を悉に調べ始めたが、初っ端からとにかく驚かされた。

「……高過ぎじゃないですか。たかが駐車場で」

たとえ砂利敷き且つ野ざらしの駐車場ですら、彼の家賃に匹敵する値段であった。

相場を見て一時は自家用車を諦めようとまで思ったが、どうしても諦めきれなかった。

と言った訳で、彼は手当たり次第、片っ端から不動産屋に電話しまくった。

そして遂に、相場の半値以下の駐車場を発見したのである。

「まあ、自宅からは少し歩きますけど……」

そこは裏通りに面しており、駐車場というよりも漸く車一台置けるような猫の額ほどの空き地としか言えなかった。

しかも、名も知らぬような背の高い雑草がびっしりと生えており、二棟の一軒家の間に挟まれるように存在している。

恐らく十人中十人が眉を顰めそうな物件であったが、彼は即座に不動産屋と契約した。

何故なら、これ以上手頃な物件は何処にもないであろうし、その価格を思えば多少の事柄には目を瞑れると確信していたからである。

シルバーメタリックのホンダ・プレリュード。

友人から格安で譲ってもらったその2ドア・クーペが、大崎さんの愛車になった。

走行距離が一万キロ以下にしては破格の値段で、大崎さんはいい友人を持ったものだとほとほと感じ入っていた。

友人から車とキーを受け取ると、彼は逸る気持ちを抑えながらドライブへと出かけていき、契約したての駐車場へ戻ってきたのは夕闇が迫る頃であった。

ここで、想像もしていなかった事実が発覚する。

この駐車場は路地裏に面しているにも拘わらず、裏道として周知されているのか、やたらと交通量が多いのである。

更に、近くに信号機があることも災いして、駐車場の前は頻繁に渋滞が発生するような道であった。

この駐車場に車で頭から突っ込んでしまうと、次に出るのがとても大変になってしまうので、できたらバックで駐車したい。

しかし、ここまで頻繁に渋滞していると、反対車線側から駐車するのはかなり難しい。

思わず、大崎さんは唸った。

そして、すぐに観念した。

はっきり言って非常に面倒臭いことではあるが、都内で車を持つということは、恐らくこういうことなのであろう。

彼はそう自分に言い聞かせたのである。

とりあえず友人とこの駐車場のおかげで、休日のドライブに勤しむことができるようになったのである。


それから数カ月経った、ある日のこと。

大崎さんはいつもの駐車場にバックで駐めるべく、ハザードランプを点灯させて愛車を減速しながら、路肩に寄せて停車した。

すかさずサイドミラーを覗き込む。

まるで苛ついたかのように、後続車がスピードを上げながら彼の車を追い越していく。

そしてさらに何台かの後続車が、次々に過ぎ去っていく。

彼はじっとミラーを凝視しながら、後続車のいなくなるタイミングをここぞとばかりに見計らっている。

体感時間で四〜五分経過した頃。

遂に、そのタイミングが訪れた。

珍しく、バックとサイドのミラーには車が一台も映っていない。

〈ああ、やれやれ〉

小さな溜め息を一つ吐きながら、ギアをバックに入れて駐車しようとした、そのとき。

ピッピピッ、ピッーーーーーーーーー！

突然後方から、けたたましいクラクションの不快な音が耳の奥にぶち当たった。

慌ててブレーキを踏みしめバックミラーに視線を遣ると、愛車の後ろに真っ白なセダンがぴったりとくっ付いている。

全体的に角張った、今時なかなかお目に掛かれないような古臭い車体であった。

一体どんな奴が運転しているのかと思って目を皿にしてみたが、どういった訳か運転席はまるで靄（もや）が掛かったようになっていて、何も分からない。

大崎さんは露骨に顔を顰（しか）めながら、大きく舌打ちをした。

すると後方の白い車は、苛立ちを誇示せんとばかりに轟音をがなり立てながら、停車中の彼の車を物凄いスピードで追い抜いていった。

〈何だよ、あの薄馬鹿野郎がっ！〉

自分を落ち着かせようと深呼吸を数回した後、またしてもバックミラーとサイドミラーに視線を向けた。

すると今度は、いつの間にか現れた老婦人の姿が、バックミラーの左端に映っているではないか。

今時珍しい和服をきちんと着こなしているこの老婦人は、顔面に深く刻まれた皺をより一層強調させながら、怪訝そうな表情でこちらを見つめている。

「……ああっ！」

苛立ちが思わず声に出てしまう。

折角後続車が皆無なのに、あの婦人がいるせいで車を動かすことができない。

とにかく早く行ってくれと祈りながらそのまま車を停めていたが、なかなか踏ん切りが付かないのか彼女は全く動きだそうとしない。

仕方なく窓から手を出して先に行ってくれとジェスチャーまでしてみたが、彼女の動きに変化は見られない。

已むなくクラクションを軽く単発で鳴らしてみるも、老婦人は相も変わらず路上に立ち尽くしたまま、険しい表情でこちらを見つめているだけであった。

痺れを切らした彼はエンジンを掛けたまま車を降り、立ち尽くす老婦人に話し掛けようとした。

そのとき。

「えっ！」

とてもではないが眼前の光景を信じることができずに、少々狼狽えながら幾度となく周囲を見渡す。

しかし。

そこには、誰もいないのだ。

先程までそこにいたはずの人間が、いつの間にか消え去っていた。

もちろん駐車場に面した一軒家が二軒あるので、そのどちらかに入っていったと思えば答えは簡単である。

だが、彼が老婆から目を離した時間はほんの一瞬であったし、たとえ素早い動きを見せたとしても、そのような時間はなかった。

背筋に冷たい物を感じつつも、大崎さんは盛んに首を傾げながら車に戻ることにした。

見間違いか何かに過ぎない。そう信じて。

それから数日経った、とある休日のこと。

付き合い始めたばかりの彼女を助手席に乗せて、二人は行楽地から戻ってきた。

助手席に座る相手に話し掛けながら、大崎さんはいつもの駐車場に愛車を駐めようとしていた。

いつもと違って辺りの交通量はすこぶる少なく、有り難いことに後続車の姿も見えなかった。

彼はプレリュードを路肩に寄せながら、ブレーキを軽く小刻みに数回踏んだ。

後方をミラーで確認しながらギアをバックに入れて動き始めたそのとき、視界の隅に人影が入ってきた。

少々慌てながらブレーキを踏んで改めて確認してみると、そこには知った顔の人物が立ち尽くしていた。

またしても、あの老婦人であった。

紺色の和服がやけに似合う、中肉中背の婦人であった。

歳は六十後半であろうか。その年代の老人が好むようなパーマを掛けており、顔面に深い皺を携えている。

明らかに、前回と同じ恰好である。

また、か。

そう思ってはみたものの、やはりここは我慢強く待つしかない。

立ち尽くしつつこちらを見つめている老婦人をじっくりと見つめながら、とにかく早くこの場から去ってほしい、彼はそのことだけを考えていた。

しかしながら、前回同様、老婦人は全く動こうとしない。

「どうしたの？」
助手席で携帯電話をいじっている彼女が、唐突に話し掛けてきた。
「いや、人がいるから待っているだけだよ」
と答えながら、相も変わらず老婦人の姿を凝視し続ける。
しかし、老婦人に動きはない。
また、なのか。
大崎さんは思わず、天を仰ぎ見た。
そのときである。
唐突に、大音量のクラクションが辺りに鳴り響いた。
慌ててミラーに視線を遣ると、そこには真っ白なセダンの姿があった。
何処かで見たことがあるような気がしてならない。
〈……この車って、もしかしてあのときの？〉
やけに四角張った、箱形のデザイン。
そして、灰色の靄が掛かったかのようなフロントガラス。
何処からどう見ても、あの車に違いない。
しかも前回同様、愛車の後ろに張り付くように、密になっている。

彼がミラーの中に映る白い車を凝視していたとき、助手席の彼女はまたしても話し掛けてくる。

「ねえ、何やってるの？」

「いや、そこに婆さんがいて動けないんだよ！　後ろにもうざったい車がいるし！」

〈何だよ、いちいち。見りゃ分かるじゃねえかよ〉

若干キレ気味に声を張り上げると、いやに冷静な彼女の声が耳にすっと入ってきた。

「何言ってんの？　誰もいないじゃん」

〈は？　何言ってんだ、コイツ？〉

イライラが頂点に達していたのか、助手席に座る彼女を睨み付けようとして身体を向けた。

そのとき、である。

車の後方が視界に入ってきた途端、まるで冷や水を浴びせられたかのように、全身を冷たいものが駆け抜けていった。

心臓の鼓動がいつもより激しく、そして豪快なリズムを刻むように感じられる。

確かに、誰もいなかった。

先程までいたはずの老婆はもちろん、後続車の白いセダンの姿も何処にもなかった。

「……ねえ、大丈夫？　疲れているんじゃないの？」

助手席から聞こえてくる言葉も、このような状況下では最早どうでも良かった。

〈おかしいだろ、コレ。絶対におかしいでしょっ！〉

色々なことが起こりすぎて、彼の頭の中では状況を処理できずにいた。

そしていつの間にか訪れていた身体の震えを、より一層強く感じ始めたその途端、また
しても何処からともなくクラクションが轟(とどろ)いた。

咄嗟(とっさ)にバックミラーへと視線を向ける。

しかし、後ろには、車はいない。

車はいないが、違うモノがそこにいた。

いつの間にか後部座席に、あの老婆が座っていたのだ。

その表情は憤怒に満ちているのか、細い目を三角にしている。

そして薄っぺらい唇は小刻みに震えており、それとともに顔面に深く刻まれた皺が蠢(うごめ)く
ように揺れ動いていた。

「ひっ！」

大崎さんは一言短い悲鳴らしきものを発すると、アクセルを強めに踏み込んで、急いで
その場から逃げ去った。

「無理ですよね、もう」

後部座席に絶対にいたはずの老婆は、どうした訳かいつの間にか消えてなくなっていた。

「2ドアの車の後部座席って、滅茶苦茶乗り難いじゃないですか。それをいとも簡単に……もう無理ですって」

大崎さんはきょとんとしている彼女を近くの駅で半ば強引に降ろすと、そのまま不動産屋へと向かっていった。

もちろん、あの駐車場の契約を解約するためである。

「多分、あの連中、知ってて貸したんだと思いますよ」

どことなくそう思わざるを得ないような、不動産屋の態度であったらしい。

そして、相場を無視したあの価格。

絶対にヤバい物件じゃないか、と彼は自分の迂闊(うかつ)さを呪った。

後日、当時は分からなかった様々なことを知ることになった。

「あの駐車場って……」

元々は何かの石碑があった場所であったらしい。

何の碑かは見当も付かないが、とにかくそこに面した二軒の家のどちらかの持ち主が、邪魔なそれを取り除いて小屋を建てようとしていた。

ところが作業員の身に不思議なことが次々に起きてしまう。

そしてとうとう、その禍が持ち主に牙を剥(む)いたとき、遂に諦めてしまった。

そういった訳で、今現在已むなく更地のまま駐車場として貸すことにしたとのことであった。

ガキの頃からこの辺りに住んでいる、大崎さんが仕事でお世話になっている親方の話であったが、疑う要素は何処にもなかった。

「まあ、だからといって……」

例の和服姿の老婆と白いセダンが、石碑に関係しているのかどうかまでは分かりようがない。


それから色々あって、大崎さんは勤務先を何回か変えることになった。

しかし今でも、彼はあの駐車場の近辺に住んでいる。

そして、もう二度と通りたくはなかったが、たまにあの駐車場の前を通ることがある。

そのときそのときで、駐まっている車が違っていたので、やはりそういった場所なんだなと大崎さんは妙に納得していたという。

「おおよそ一カ月毎に駐まっている車が違っているような、そんな感じですね」

そして、ごく希にある場面に遭遇してしまうことがある。

それは、あの駐車場の前に車がぽつんと停車している、そのような場面。

彼が追い抜きざまに車内を覗き込むと、必ずと言っていいほど、運転者が必死の形相で後ろを凝視しているのである。

バックで車を駐めたいが、何かが邪魔になって動くことができない。そのような状況にしか思えない。

だが、大崎さんの目には、その車の後ろにいるものは何も見えない。

「恐らく、運転者には何かが見えているんでしょうけどね」

彼はそう言うと、どことなくほっとしたような表情を見せた。

歪んだ部屋

会社員の未来さんは、今住んでいるワンルームの部屋より少し広い部屋を探していた。部屋が増えれば家賃も上がる。諦めかけていたところで、条件に合う部屋を見つけた。

二階建ての物件で、隣に大家の家がある。家とアパートは繋がっており、各階二部屋となっている。

現在空室になっているのは、二階の奥の部屋。壁の向こうは大家の住まいだ。距離が近い分、他より家賃を下げているようだ。

連絡を入れ、内見する。部屋は洋室と和室が一部屋ずつ。少し広めの台所。風呂とトイレは別だが、洗面所兼脱衣所の奥に便器が置かれていた。

「本当は貸すなら、子供のいない夫婦。二人暮らしがいいんだよね」

一人暮らし、兄弟やカップルの同棲には余り貸したくない。書類に必要事項を記入しているとき、不動産屋の年配男性が嫌そうに言った。このアパートの大家はこの辺では有名な地主で、昔からとても親しくしているとのことだ。

書類を記入していると、大家の男性がやってきた。

大家の家は二世帯住宅になっており、息子はまだ独身だ。大家は高齢で、がっしりした身体付きをしている。首に金のネックレスを着けていた。強面ではあるが、話し方は気さくだ。

「日中はいつも家の地下室で音楽を聴いたり、映画を見ている。誰か来ても分からない」

大家は「近くに住んでいるが気にしなくていい」と言いたいらしい。

ルールを守った生活をする分には問題ない。未来さんは、この部屋に決めた。

引っ越し後。荷物を運び終えると、夕飯にピザを取った。食べながらテレビを観ていると、カーテンの近くをゴキブリが歩いた。まだ殺虫剤の類は用意していない。テレビを置いている台の裏側に入るのを確認すると、段ボールで脇を塞いだ。そして次の日に処理した。

洋室があるのに、ベッドを和室に置いた。テレビもこちらに運んだ。

家にいる間は和室で過ごした。洋室は本棚などを置き、趣味の部屋にするつもりだ。もっとも、本の入った段ボール箱を運び入れたところで後回しになった。

和室でくつろいでいると、畳の上に置いた黒い鞄の上で小さなものが動いた。ゴキブリだ。天井近くを見ると、そこにもゴキブリが歩いている。

勤務先から帰宅して玄関を開けると、大きなゴキブリが床の上をさっと横切る。季節は関係ない。毎日のことだ。スプレー缶の殺虫剤が一週間保たない。脱いだ服を一晩。畳の上に置くと、虫に食われ穴が開く。

洗濯機の排水も悪く、ホースを差し込んだ穴から水が溢れることがある。玄関扉の下半分には人差し指が入りそうな隙間が開いていた。扉は反っていない。建物が歪んでいる。内見のときには、気が付かなかったことばかりだ。

他の部屋も同じ状況なのか分からない。アパートの壁は薄い。隣の夫婦の部屋からよく泣き声が聞こえた。聞こえるのは、洋室の壁のほう。そちらの壁が夫婦の部屋側になる。泣き声は何度聞いても、子供の声にしか聞こえなかった。

「もし必要なものがあれば、駅前の商店街でこのアパートの名前を出すといい。割引してくれるよ」

大家から家具屋などを紹介された。未来さんは新しいテーブルを買いに、紹介された店に向かった。言われた通りにアパートの名前を出すと、かなり安くしてもらえた。買ったテーブルが少し大きかったため、部屋まで運ぶのもサービスしてもらえた。

「あのアパートね。そう、引っ越してきたの……」

店の従業員の対応におかしな点はなかったが、大家と親しいという感じでもない。嫌々従っているという雰囲気があった。それは他の店でも同じで、この辺りに住む人間はあの大家には逆らえないのではと感じた。

「お金もある。土地もある。それなのに何でアパートは、あんな酷い造りにしたんだろう」

人に貸すものに、お金を掛けたくなかったのかもしれない。

未来さんはこの部屋を、一年半で出ている。その間、ゴキブリ被害は本当に酷かった。壁越しに聞こえる泣き声。これも止まなかった。それでも引っ越しはお金が掛かることから、何年かこの部屋で頑張ろうと覚悟していたが、ある出来事を切っ掛けに心が折れてしまった。

勤務先へ向かう電車のホームで、未来さんは倒れた。ホームを歩いていると、背中を強く押された。その瞬間、猛烈な痛みが背中に走った。そのまま意識を失う。救急車で搬送され、病院で目を覚ました。背中を刺されたと思ったが、怪我はなかった。

「誰かに背中を押された。何かされたかもしれない」

目撃者の話では、一人で歩いていると突然倒れた。何かされたと思うのは、未来さんの勘違いではないかとのことだ。

念のため入院して検査も受けたが、特に原因は見つからなかった。

すぐに自宅へ戻れたが、その日もゴキブリが台所と和室に出た。疲れて畳の上に座っているると、あの泣き声がする。またかと思い、洋室のドアを開けた。

白い壁に無数の黒い点がある。それが動く。複数のゴキブリが壁に張り付いていた。

「泣き声がすると、壁に耳を当てて聞いてた」

そこに顔の側面を擦りつけていたと考えると気分が悪くなった。

数日後。今度は両親が揃って病院で検査することになった。

電話で父は、今にも死にそうな声を出した。

(再検査するけど、余りよくない。癌かもしれない)

部屋で一人ぼんやりしていると、また泣き声がする。確認する気力もない。

「はぁ、もう、私も死にたい」

思わず言葉に出た。その瞬間、泣き声がぴたりと止んだ。

「ここにいたら、だめだ」


明るい時間に、洋室から全ての荷物を運び出した。

泣き声はその後も聞こえたが、その度に耳を塞いだ。洋室を使わなくなると、他の場所でゴキブリを見る回数が減った。

不動産屋に部屋を出る連絡を入れると、引っ越しの日時が具体的に決まったらもう一度電話するように言われた。

予定が決まると、引っ越しの時刻は夕方になると具体的に伝えておいた。ところが引っ越し当日の午前中、大家と一緒に不動産屋が部屋を訪ねてきた。

「まだ荷物運んでないのか」

引っ越しの時刻は、きちんと伝えていたはずだ。再度「夕方になる」と教えると、最終確認が明日になるじゃないかと怒られた。もう次に借りる相手が決まっているから早く出ろと文句も言われた。

「荷物を運び出したら、鍵は不動産屋のポストに入れておいてくれ」

大家は最後まで黙ったままだったが、汚い物でも見るような目で未来さんを見ていた。

仕事が休めないことを理由に、部屋の最終確認には立ち会わなかった。後日、不動産屋から電話があった。ファックス番号を教えろという。ファックスは持ってないと伝えると、メモを取れと言われた。清掃等に掛かった費用を早口で読み上げると電話を切られた。

大家と不動産屋が立ち去る際。通路を歩きながら話していた内容をよく覚えている。

「夫婦じゃないとすぐに出ていく。だから貸したくないんだよ」

二人は未来さんを名前ではなく「あの女」といった。最後に笑いながら話していた。

長く住んでくれないと意味がない。一人だと保たない。あの女は駄目だな

お持ち帰り

アラフィフの絵美さんが高校生だった頃、かれこれ三十年以上前になる昭和の時代の話だ。かつて東京・港区赤坂に大手レコード会社の本社ビルが存在していた。女子高生だった絵美さんは先輩からの紹介で、初めてのアルバイトをそのレコード会社で経験することになった。

とはいえ与えられたのは、華やかな現場の仕事などではなく、廊下の片隅に拵えられたスペースでこなすような雑務ではあったが、アイドル歌手や有名ミュージシャンが所属するレコード会社に堂々と足を踏み入れ、彼らと同じ空気を吸えているのかもと考えるだけで多幸感に満たされた。

雑務の中でもメインとされたのは、有線放送への電話リクエストであった。センターに電話を掛けてリクエストをすれば、好きな曲を流してくれる有線放送。本来有線へのリクエストは、加入者の登録番号が必要となるのだが、絵美さんが働いていたレコード会社では、有線放送をBGMとして使用している喫茶店や美容室、バーや居酒屋などの加入者リストを保持していて、それを元に自社の歌手の曲を片っ端からリクエストしてランキングのアップを図っていた。謂わばサクラ行為である。

ヒット曲を誕生させる裏の手段を知って絶望するよりも、電話のノルマをこなして特に雑用もなければ、後はおしゃべりをしていてもいいという気楽なバイトに、絵美さんは喜んでダイヤルを回した（プッシュ式電話が世に多く普及し始めた頃ではあったが、そのバイトではまだダイヤル式電話を使用していた。「ペンを穴に入れてダイヤルを回すと、速いし指も痛くならない」とは、絵美さんによる昭和のライフハックである）。

平日の放課後、毎日四名ずつ必ず入るようにと、シフトの管理は絵美さん達バイトに任されていた。登録していたアルバイトは皆女子高生で、何校かの東京都下の高校から紹介によって集められていた。絵美さんは中でも、レコード会社のあった赤坂の女子高に通う、陽子という子と親しくなった。何しろ三十年以上も前のことなので、実際の彼女の名前は失念していたが、いつも明るく陽気だった印象があったというので、ここでは「陽子」と記す。陽子はバイトの中でも古株で、何人も新しいバイトの子を自分の高校から連れてきていた。静子も、そのうちの一人だった（陽子とは対照的に大人しく物静かな子だったので、「静子」と称す）。

電話リクエストのサクラ行為に、当初は不安そうな顔を見せていた静子ではあったが、「平気平気。みんなやっているんだから」と陽子に諭され、小さな声ながらも毎回きちんとノルマをこなしていた。しかし――。

「ねぇ、大丈夫？　何か飲んだほうがいいんじゃない？」

その後、シフトで静子と一緒になった絵美さんは、バイト中に彼女が激しく咳き込む場面に度々遭遇した。静子だけがノルマを多くこなしている訳でもないのに、声も掠れ、呼吸することさえ苦しそうで、喘息などの呼吸器系の病気を疑った。

「学校だと、全然何ともないいんだけどねぇ」

静子が席を外した際、心配した絵美さんが陽子に訊ねたところ、彼女は頭をひねりながら不思議そうに答えた。

けれどもシフトに入る度に、静子の咳き込みは激しくなっていく。更に、

「君達、まさかここで煙草吸っていないよね？」

バイトを統括していた社員から、ある日まるで心当たりのない注意を受けた。絵美さんらバイトが詰める廊下の隅のスペースから、焦げ臭い匂いがすると苦情が出ているのだという。喫煙なんてとんでもないと否定したが、でも確かにその頃、焦げた匂いを感じることが時折あったと、何人かのバイトが言い出した。喫煙所が近くにできたのかと思っていた子もいた。

「後になって思えばなんだけれど、その話をしていたとき、ちょっと挙動不審だったんだ

よね、彼女」

絵美さんがいう「彼女」とは、静子のことだった。

その後、静子は突然バイトを辞めた。正確に言うと、ある日のシフトに入っていたのにドタキャンをした。学校帰り、途中まで陽子と一緒にレコード会社に向かっていたのに、

「無理」

いきなりそう言って立ち止まり、

「もう、ここ通るの無理」

身を翻(ひるがえ)すと、元来た道を走って帰ってしまったのだと陽子は口を尖らした。

静子が通りたくないと言ったその場所こそ、かつて赤坂の外堀通り沿いに建っていた「ホテルニュージャパン」であった。

一九八二年（昭和五十七年）二月八日の未明に、同ホテルで発生した火災は、死者三十三人の犠牲者を出す史上最悪の大惨事となった。ホテルはそのまま廃業したが、建物自体は曰く付きの場所となってしまったせいか買い手が付かず、その後何年もの間、火災後の状態のまま放置され廃墟と化していた。

静子がバイトに来なくなってから、気になっていた焦げついた匂いも感じられなくなった。

「たまにいるんだよなぁ。あそこの前を通って、何か持ち帰っちゃう奴」

バイトを纏めていた年配の男性社員は、静子の件についてさほど驚きもせずに語った。

「でも『匂い』まで持ってきちゃった子は、初めてかな」

とも――。

普段は反対方面の国会議事堂駅を利用してバイトに通っていたため、ホテルの前を通ったことがなかった絵美さんは、その件があって初めて、ニュースの映像でしか見たことのなかった大火災の現場を、好奇心旺盛な友人とともに訪れた。

皇居の外濠沿いを走る外堀通り周辺は、赤坂の歓楽街にビジネス街、政治の中枢機能の集まる永田町があり、車も人の通りも非常に多い大都会の一等地だった。ホテルの向かいには人気のラーメン屋もあり、客が列を成している。その賑わいの中、無造作に組まれたベニヤ板と有刺鉄線で外界から遮断された中に聳(そび)える、火災の傷跡も生々しいホテルの廃墟は、まるで都会にできたブラックホールのように辺りに重苦しい空気を放ち、霊感など微塵もない絵美さんでさえ、背筋の冷えが止まらなかったそうである。

火災後、十四年の月日を経て、一九九六年に漸くホテルは解体された。現在、その跡地には地上三十八階建ての店舗・オフィス・高級賃貸マンションが入った高層ビルが建設され、赤坂の街を見下ろしている。

日曜日の部屋

今から約五十年ほど前、真一さんは他の部屋の家賃と比べて半額という破格の値段で、宮崎県から都内にあるアパートに引っ越した。

引っ越しの作業をするために部屋に行ったところ、アパートの外に沢山の家具が放置されていたのを見つけた。

不動産屋に確認すると、真一さんの前に部屋に住んでいた人が置いていったものだという。

そこに姿見が一つ、割れもヒビもなく埋もれていた。

真一さんはどうせ捨てるならその姿見を自分が使おうと思い、部屋の中に戻して住むことにした。

ある日曜日、彼は当時付き合っていた彼女と上手くいっておらず、部屋でふて寝をしていた。

ふと目を開けると、前の人が使っていた姿見が目に入る。

そこに、赤いドレスを着た知らない女が髪を梳(と)かしている姿が見えている。

こいつ、女の泥棒か？

真一さんが身体を起こし、女のいるほうを向くがそこには誰もいない。
驚いて姿見に目を移したが、いつもと変わりない部屋が広がっているだけだった。

ある日曜日、彼は部屋の中で煙草を吸っていた。
口から吐いた煙が部屋を立ち上っていく。
煙をぼんやりと見ていると、目線を超えた高さになった瞬間、左右に煙が揺れだす。
しかし部屋の窓や扉は閉め切っている。
どういうことだ?
再び煙を吐くと、同じ高さで再び煙が左右に揺れる。
まるで、誰かが手で振り払っているかのようだ。
真一さんは恐ろしくなり、急いで煙草をもみ消した。

この部屋に住み始めて真一さんは気が付いた。
この部屋には、日曜日にだけ自分以外の何かがいる。
ある日曜日、彼が俯せで寝ていると突然後ろから何かが迫ってくるのを感じた。

それは、とんと彼の背中に手を置いた。

そのまま女が身体を自分の上に重ねてくる。

何故、彼は女だと思ったのか。

俯せになっている金縛りの状態で、自分のうなじに長い髪がカサカサと触れているのが分かったからだ。

すぐ、吐息の掛かる近さに部屋にいるはずのない女がいる。

このまま振り返ったら、顔が見える。

真一さんは自分の肩をちらっと見ると、ぐずぐずに腐ったような皮膚のどす黒い手が肩にそっと触れていた。

驚いて身を翻そうとした真一さんに女は声を発した。

「いままで、どこいっちょったと?」

水の中で話しているようなくぐもった声。

彼と同じ故郷、宮崎の言葉だった。

数日後、彼は話し合いの末に付き合っていた彼女と別れることになった。

彼女に強く惹かれていた彼はその絶望から、このままこの部屋で死んでしまおうと思った。

彼はガスボンベを開けてガス自殺を図ったのだ。しかし、苦しいだけで気を失うことすらできない。

もがき苦しみながらも、ボンベに直接口を付けて吸い続けた。

異変に気付いた近所の住民に発見され、救急車で運ばれて一命を取り留めた。


後日、何故このアパートが破格の値段だったのかが分かった。

それは以前、ホステスがこの部屋で自死していたからであった。

彼が使っていた姿見は、そのホステスがかつて使っていた姿見だった。

自死した日が日曜日だったのかは結局分からなかった。


ある男性の話である。

夢の中で彼は仲間とサッカーをしていた。

そんな中、ただ一人佇む後輩がいる。

他の仲間が楽しそうにボールを追う中、グラウンドにぼうっと突っ立っている。

「お前、サッカーやらないのか?」

そう声を掛けると後輩は酷く驚いた顔をした。

「先輩、俺が見えるんですか」

「お前何言ってるんだ？」

「いや、俺、もう死んでるじゃないですか」

その後輩は、白血病で既に亡くなっている。

後輩に言われるまでまるで記憶から抜け落ちたように忘れていた。

そう言った後に後輩は自分のほうを見てぼんやりとした顔で呟いた。

「先輩、俺が見えるってヤバいですよ」

「こっちは何もなくて退屈なんで、こっち来ないほうがいいですよ」

その言葉ではっと夢から覚めたという。


実は、後輩とのサッカーの夢を見たのは真一さんである。

ガス自殺を図る前に見ていた夢だった。

それはある日突然に

高校生の宮淵君は、子供の頃から自他ともに認める「怖がり」で、「自らの意思で恐怖に関わること」を一切拒否してきたという。

ホラー映画や心霊動画は決して見ないし、こっくりさんや怪談話で盛り上がる友達の輪にも断固として入らない。心霊スポットなど大金を積まれても行かないと心に誓い、千葉なのに東京を名乗る某テーマパークのライトなお化け屋敷でさえ敬遠するという徹底ぶりである。

にも拘わらず、「それ」はいきなり彼の日常に現れた。

通学路の途中に建つ一軒家が、ある日突然「事故物件」になってしまったのだ。「夫を殺した」と警察に自首してきた女の自宅である一軒家を調べたところ、その家の主人の刺殺体が発見された。妻である女の犯行であった。

宮淵家は、父親の仕事の都合で同地域に移り住んできた転勤族で、深い近所付き合いもなく、事件に関しても新聞やニュースで知る程度で、この夫婦の詳しい家庭の事情も不明であった。

犯行現場となったその家の周辺は、事件後の数日こそ警察車両で混乱していたが、暫くするといつもの通学路と変わりなくなった。人が亡くなった場所の目の前を通るのには抵抗があったが、問題の家は宮淵君が使う通学路から横道に入って数軒の場所に位置していたので、脇目も振らずに自転車で疾走することで乗り越えていた。回り道をすると五分近くのロスが出る。慌ただしい朝の登校時に、それは痛手だった。見なければ大丈夫。そう念じるようにして、通学路を走った。

ある日の下校時のことだ。空腹な上、見たいテレビ番組もあったので、いつもの路(みち)を自転車で急いだ。

ふと、制服のポケットに入れていたスマホから、何か音が聞こえた。通知音や呼び出し音ではない。スマホに搭載されている音声アシストアプリの、人工知能＝ＡＩの声だ。

(何て言ったんだ?)

気になった宮淵君は自転車を停め、スマホを取り出して画面をチェックした。画面には、音声検索画面が表示されていた。先程聞こえてきたＡＩの回答が、テキストで表示されている。

『そのようなことを言うのは、お控えいただきたいです』

自分は何もスマホに語りかけていない。一体何を聞き取って検索したのかと、画面上部の履歴を見ると――。

『死ね』

物騒な二文字が残されている。

無言で自転車を漕いでいただけなのに、周りには誰もいないのに、スマホは「死ね」の言葉を拾い、それにAIが答えている。

部活を終えて帰宅するこの時間には、辺りはとうに暗くなっている。ざわざわと迫りくる胸騒ぎを抑えつつ、自分が自転車を停めた場所を改めて見渡して、宮淵君は凍り付いた。

事件が起きたあの家が建つ路地が、すぐ左手にあった。

「半泣きで家に帰りました。二度とあの道は使わないって」

それでも一刻を争う朝の登校時、その道を使わざるを得ない日もあった。

「非通知の電話が二回。怖いので電源を切って走っていたのに、駅に着いて確認したら勝手に電源が入っていたこともありました」

高校を卒業したら、上京を考えているという宮淵君。

「早く、こんなところ引っ越したいです」

そう話す彼に「東京は、ここよりもっと事故物件だらけだよ」と、某事故物件検索サイト「O」の存在を教えると、可哀想に「勘弁してくださいよ」と崩れ落ちた。

宮淵君のスマホに届いた「死ね」のメッセージは、果たして夫を殺めた妻の念か、命を落とした夫の妻への呪いか。

真相を知る術はない。

屋根裏の絵本

啓太は父親の建築事務所で職人として働いている。

仕事にも大分慣れたが、まだ若く職人としては下っ端なので現場では雑用が多い。細かい作業に駆り出されるのもいつものことだ。

忙しくも充実した日々を送っていたある日、一軒家の解体の依頼が来た。早速下見に行った物件に何だか見覚えがある。

「あれ、ここ、五年前にも内装工事したとこっすよね?」

「おう、お前の初仕事な」

啓太の言葉を受けて頷いたのは、一級建築士の資格を持つベテランの上司だ。

「わ、やっぱり。なっつかしー」

だが、依頼者名が前と違う。

「あれから持ち主が三人替わってるらしいな」

現在の持ち主は大分年配の夫婦で、認知症を発症した夫が介護施設に入るのを機に妻は長男夫婦と同居するのだという。ああ、ここに新居を建てるのか。そう納得をしていると違うと上司は首を振る。

「御長男は既に別の場所に新居構えててな。ここは次男さん御夫婦が家を建てる予定なんだと」

「それもうちで？」

「いんや」

大手ハウスメーカーの名を挙げながら肩を竦める上司に「あー」と思わず苦笑いが漏れた。実際、解体だけは地元業者でというのは、まあよくある話だ。

とりあえず今日は、内装の処分できるものを剥がせるだけ剥がしてしまおうということになった。打ち合わせを終えて家屋へ入ろうとして、施工主らしき人物に気付いた。五歳くらいの女の子を連れている。

啓太には十歳下の妹がいる。自分の妹を思い出して思わず笑みが溢れた。今は生意気な盛りだが、こういう可愛らしい時期もあったのだ。抱きしめた大きなクマのぬいぐるみに顔が半分埋もれるように隠れた子供の前にしゃがみ込む。

「こんにちは。可愛いクマさんだね。この子の名前は？」

「すーちゃん」

子供はぬいぐるみを褒められて少しはにかんだ。

「すーちゃんかぁ。その子なくしたり汚したりしないように、パパと離れたところで見ててね」

「うん」

今日の作業は瓦下ろしを中心に進めることや、見学は危なくない場所まで下がってもらう等、上司が事務的な説明をしている間、子供は父親の足に掴まって隠れている。少々人見知りなのかもしれない。

小さく手を振れば恥ずかしそうに笑みを返してくれる辺り、嫌われてはいないようだ。

説明が終わって作業を開始するために家屋に入り、上がった二階の窓から庭にいる子供に向かって手を振る。子供はクマの手を持ち上げて振り返してくれた。

「あっ」

何気に啓太の後ろへ視線を向けた子供の顔が、口を開いたまま強張(こわば)った。すぐに父親の後ろに隠れてしまう。

――後ろに何かあったか？

振り返って確認したが、扉を開け放った押し入れがあるだけだ。不思議には思ったが、元が人見知りなようだし急に恥ずかしくなったのかもしれないと、余り気にせずに作業を始めた。

建具や壁材等をできるだけ剥がしてから重機を入れて解体する予定であるので、室内の建具を外していく。壁を剥がして断熱材やサッシ、窓ガラスも分別して廃棄するためにどんどん取り払い、外へ運び出す。瓦や屋根葺き材も先に退ける。

瓦を下ろすのは細身で身軽な啓太の担当だ。天気予報では暫く雨が降ることはなさそうだから、今日中にルーフィングという屋根葺材を取り払うところまではやっておきたい。

立地的に家屋の東と北は民家に隣接していて隙間がない。西側が大通り、南側は細い路地。計画では幾分か広さに余裕のある大通りのほうへ倒れるよう重機で崩すことになっている。養生と足場組みも既に完了済みだ。

慎重に屋根瓦を下ろす。命綱はもちろん必須だ。無理も無茶もしない。仕事は丁寧且つ手際よく。ベテラン職人の勝木と、頼れる兄貴分である先輩職人といった、いつも組んでいる顔ぶれで予定通りに作業は進む。ルーフィングを取り払うと野地板が現れた。

「隣との間隔が小せぇからな。剥がすか」

「了解っす」

勝木の指示で野地板を剥がす。屋根裏に骨董品を隠してあるとかいうのもよくあることだ。最近は産業廃棄物も分別が厳しい。陶器等が割れると厄介だ。いつものように一番身軽な啓太が中を確認する。これといって、隠されているものはないようだ。

足元に視線を落とすと、紙のようなものが幾つも散らばっている。二階の庭に面した窓がある部屋の、押し入れの丁度上辺りか。己が子供に手を振った部屋だ。

エロ本が落ちてきた、何てこともない訳じゃない。屋根裏に下りて拾い上げたそれは黄ばんだほぼ真四角な数枚の紙で、一片をホッチキスで綴じてある。如何にも就学前の子供と思しき拙(つたな)い字で「ぱぱ、まま、わたし」と書かれている。手作りの絵本、といったところだろうか。時折こんな可愛らしい忘れ物が出てくることもある。

他に幾つか散らばっていた紙片も拾い集め、作業用に装着していた腰袋に纏めて突っ込んだ。分類の観点から、こういう紙類も材木に紛れないよう今分けておくのだ。

「勝木さん、中は空っす」

「おう、そんじゃ全部剥がすべ」

「うぃっす」

昼と午後の休憩を挟んで、その後も黙々と作業を続ける。そもそもまま絵のことは忘れていた。夕方、まだ手元が明るいうちに切り上げて帰り支度を始め、腰袋は軽トラの荷台に乗せて運転席に乗り込んだ。会社までの運転も啓太の仕事だ。

産廃業者に廃材を引き取ってもらった後、日報を付けるために事務所へ足を向ける。その日の現場や作業内容の記録だ。同じ施工主に注文を受けたときなどに見返したりする備忘録的な役割もあるのだ。

　ふと突っ込んであった絵のことを思い出し、腰袋から引っ張りだしてみた。ホッチキスで綴じてあるものと、バラバラに落ちていたのを拾い集めたもののうちの、まずは絵本風に纏めてあるものを歩きながらパラパラと捲る。描いたのは女の子かな。妹が小さい頃に描いていたものと似ている。

　眼鏡の男性と髪の長い女性、そしてこれを描いた本人だろうピンクのスカートを穿いた女の子が、虹や猫に犬、鳥等に囲まれていた。

「ゆうえんち」

「どうぶつえん」

「すいぞくかん」

　両親と遊びに行った場所なのだろう。色鉛筆でカラフルに色を塗られた絵が続く。

「あたらしいおうち、うれしい」

　最後のページには家の前で両親と手を繋ぐ姿が描かれていた。

　これだけなら微笑ましいだけで終わるのだが、絵本仕様になってないバラけた絵のほうはまるで様子が違っていた。

　今までの色彩豊かなものではなく、黒い鉛筆だけのモノクロ画だ。最初に手に取った絵では、子供と男性だけがテーブルに座っている。隅のほうに髪の長い女性が立っていた。髪に隠れて顔は見えない。ほのぼのしていた絵本とは一変して、仄（ほの）かな薄気味悪さを纏っている。

二枚目は、恐らく喧嘩をしてお互いを怒鳴り合っている男女。赤い鉛筆を強く押し付けて描かれた、雷を表すようなギザギザのマークがその激しさを物語っている。

三枚目、子供と男性二人が座っているテーブルの端に、先程よりは少しだけ近付いている女性。やはり顔は見えない。

四枚目、食卓なのだろうか。これも少しだけ、男性のほうに女性が近付いている。

五枚目、女性は完全に男性の隣に立っている。

六枚目、子供がいなくなっていた。

七枚目、男性が立っている。その足元に女性が寝ている。いや、――転がって、いるのか？　これはまるで、男性が女性を殺してしまった、ような。

そこまで考えて、まさかと笑った。そんなことがあったなら噂になっているはずだ。事件じゃないか。

紙は後二枚。八枚目、手前にこちらを向いた子供の泣き顔のアップ。その後ろには男性と、男性の真後ろに立つ女性。

最後の一枚は——。先に赤鉛筆で色を塗ったのだろう。その上から黒い鉛筆で紙が破れる程何度も何度も円を重ねて描いて塗り潰した、丸が二つ。両端は乱雑に縦線が幾つも引かれている。これは、人の——顔？

女性の顔のアップだ、と気付いた瞬間、持っていた絵を取り落とした。それは風に流され、事務所前の駐車スペースの砂利の上に散らばった。

「まあまあ、啓君ったら散らかして」

丁度事務所から、事務の安江が出てきた。彼女は創業当時からいる古参で、明るく朗らかな事務のベテランだ。笑いながら散乱している紙を拾い上げた安江の顔が、みるみる険しくなる。

「安江さん」

「いいから」

堪らず掛けた声を遮られた。

「ここはいいから啓君、早く日報書いちゃって」

「でも」

「いいの。早く」

あたしの仕事が片付かないでしょ、と言われてしまえばその通りにするしかなかった。

日報を書き終わり、事務所から外を窺う。駐車場の隅の、ゴミ箱代わりに置かれた一斗缶の中で揺れる炎を見つめている安江の横顔が見えた。

翌日も解体の現場作業は順調に進み、明日には重機での取り壊しに移れるだろう。そういう話をしていたとき、上司の携帯電話が鳴った。

「昨夜、安江さんが救急搬送されてな」

たった今亡くなったそうだ――。

上司の言葉に唖然とした。昨日会ったときは元気で、不調のふの字もなかったのに何故。

「詳しくは分からんが、血栓だってよ」

上司はそう溜め息を吐き、一度会社に戻ると言って足早に車へ向かった。

安江の葬式参列の為に一日休みはしたが、啓太は翌日からまた現場に戻った。作業は滞りなく進み、最終日の前日にはほぼ更地になった。粗方もう片付いて、庭の隅に瓦礫とも呼べないくらいのものが僅かに残っているだけだ。その日は日曜日だということもあり、施工主がまた娘を連れて現場を訪れていた。好奇心でそわそわする子供に遊んできても大丈夫だと声を掛ける。

「すみません、嫁が二人目を妊娠中で構ってやれないもので、つまらないから一緒に行くと言って聞かなくて」

「いえいえ、妙にわくわくしますよね。こういうところって」

暫く庭を探検して満足したのか、子供が戻ってきた。じっと啓太を見ている。

「どうしたの？」

目線を合わせるためにしゃがむ。

「あのね、お兄ちゃん」

「ん？」

「もう、ちゃんとおいてきた？」

「おいてきた？」

怪訝な顔をする啓太に、子供は父親の後ろに隠れ、その日は決して顔を見せなかった。

道具を軽トラに乗せて運転席に乗り込む段になって、父親の後ろから顔を出したので、手を振ったが視線が合わない。子供は啓太の後ろのほうを見ている。

置いてきた。何を、何処で——連れてきた？

会社に戻ると、別の作業に出かけていた勝木が一斗缶の中を掻き回していた。

「啓太」

「はい」

「権現様にお参り行ってこい」

「え？」

勝木の言う権現様は、会社のすぐ近所にある。歩いて行ける距離だ。

「ええからこれ持って行ってこい」

渡されたのは日本酒。コンビニに置いてあるような三百ミリリットルの小瓶だ。

「これ供えて、お下がりを貰え」

それを必ず持って帰ってくるよう言い含められた。勝木は普段冗談ばかり言うような、気さくで明るい人間だ。こんな顰めっ面は見たことがない。ついさっき気味の悪い思いをしたばかりだ。言われるまま、権現様にお参りに行った。

酒を持って戻ると、勝木はそれを持って何処かへ行ってしまう。暫くして戻ってきて、啓太に酒を差し出した。

「飲め」

「え、あの、まだ就業時間」

「ええから飲め」

渡された酒の小瓶は蓋が開いている。勢いに逆らえず口を付ける。

「しょっぺ！」

尋常ではないほどに塩辛くておよそ飲めたものではない。何だか舌を刺すような奇妙な味と、硫黄とドブのような臭いもする。こんな不味い酒は飲んだことがない。

「黙って全部飲め！」

「うえぇぇ」

有無をも言わさぬ迫力の勝木に逆らえず、泣きながらどうにか酒を飲み干す。嘘のように身体が軽くなった気がした。

「顔洗って今日は帰れ」

勝木に言われ、その日はそのまま帰宅した。置いてくることができたのかどうかは分からない。あれ以来、屋根裏のものは持ち帰らないようにしている。


この話には続きがある。

先日、勝木は現場帰りに交通事故で亡くなった。その日が奇しくも一年前、啓太が塩辛い酒を飲まされたのと同じ日だった。

扉叩く者

「ドアノッカーって、分かります？」

御主人の海外駐在に帯同し、アメリカ中西部の都市で三年ほど暮らしていた美里さん。現地での体験談を聞かせてもらった際、彼女は開口一番にそう切り出した。

玄関扉に取り付けられる、金属製の装飾。「ドアノッカー」の単語の意そのまま、ドアをノックする際にそれを使用すれば音が出て、屋敷の住民に来客の意を伝えることができる器具。洋画の中で見たこともあれば、日本国内でも、欧風建築を取り入れたお宅の玄関に時折見かけることもある。イメージとしては、口元に輪っかをぶら下げた獅子の顔をした、真鍮（しんちゅう）製の重々しい装飾物。

「向こうで借りていた家の玄関に、付いていたんです。ドアノッカーが」

とはいえ由緒正しいお屋敷を借りていた訳ではなく、ほぼ新築の物件で、玄関には普通にインターホンも設置されていたので、あくまでも飾りとしてのドアノッカーであったという。シルバーアクセサリーでもよく見られる、百合の花を模した紋章を取り入れたシンプルなデザイン。飾りではあったが、輪の部分もちゃんと可動し、扉を叩いて音を出すこともできた。

美里さん一家の住居は、御主人の会社を通じて借りた物件だった。大家はまだ三十代の若夫婦。自分達が住むために建てたのだが、諸事情で他の土地で暮らすことになったので、日本人駐在員向けとして貸し出されていた。大家曰く「日本人は、家を丁寧に扱ってくれるから」と。

若夫婦が暮らすにしては贅沢すぎる間取りの家であった。二階には主寝室に加えて二室のゲストルーム。一階には暖炉付きの広々としたリビングルームと、ダイニング、そしてDENと呼ばれる書斎、更にBreakfast Area（ブレックファストエリア）と称される朝食やティータイム用の小部屋まであった。天井まで届く大きな出窓が取り付けられた、日当たり最高のこの小部屋は、玄関脇に位置していた。御主人が会社に、子供が学校に行っている平日の昼下がりに、この部屋でゆっくり珈琲タイムを取るのが、美里さんにとっての至福の時間だった。

そんな優雅なひと時を過ごしていた、ある日のこと。

コン、コン――。

玄関の扉が叩かれた。インターホンがあるのに、何故かドアノッカーを使って。

出窓から、玄関の様子を覗き見たが誰もいない。近所の子供達は学校に行っている時間だし、誰かが走り去る音も聞こえなかったので、ピンポンダッシュのような悪戯とも思えない。こんなことが、数回ほどあった。

元来美里さんは、怖い話は苦手で幽霊等の存在も信じていない。筆者や読者のような「怪談脳」を持ち合わせていないので、無人のノックも「風の音」か、「野鳥の悪戯」と考えていた。自宅の裏手には手つかずの林が広がっており、野鳥や小動物も生息している。ドアノッカーの真鍮の輝きに引き寄せられた、キツツキの類の野鳥の仕業ではないだろうかと。

しかしある朝、美里さんは玄関扉のドアノッカーの下部に、何かの爪痕のような引っ掻き傷を発見した。美里さんよりも更に怪談脳の欠片もない御主人は「アライグマかスカンクだろう」と言ったが、流石にその意見には同意できなかった。それらの小動物ならば、ドアノッカーの高さまで届くはずがない。幾ら何でもクマなどの大きな獣まではこの辺りにはいないし、そこまで大きな爪痕でもない。

これは、「人間」の爪痕ではないのか――。

美里さんの中に、小さな疑念が生まれた。

更に、こんな出来事もあった。

地元の公立小学校に通っていた美里さんの息子さんは、毎日スクールバスで登下校しており、自宅の目の前で乗り降りしていた。ある日の下校時、息子さんがバスから降りてくる際、運転席のドライバーが美里さんに向かって何か話し掛けていることに気が付いた。息子さんが何かトラブルでも起こしたのか？　と、聞き耳を立てると、ドライバーの男性は、

「おいおい、ハロウィンにはまだ早いんじゃないかぁ？」

笑いながらそう言い残して、バスは走り去っていった。季節は五月。十月末のハロウィンはまだ遠い先のイベントだ。どういう意味だろうと首を傾げていると、息子さんが不思議そうに玄関ドアを眺めているのに気が付いた。「どうしたの？」と声を掛けると、奇妙な答えが返ってきた。

「ドライバーさんがね、ここに腕がぶら下がっているって言ってたの」

彼が指差したのは、扉に付いたドアノッカーの輪っかだった。ここに人の腕が？　それがハロウィンの飾りに見えたのか？

扉にはただ、いつも通りにドアノッカーが鈍く光るだけ。

ドライバーは、一体何を見たと言うのか。

それでも異国での暮らしは慌ただしく過ぎ、不可思議な出来事も繁雑な日常の中、すっかりと忘れ去られていった。

一連の現象に何らかの意味が見い出されたのは、御主人の日本への異動が決まり、美里さん一家が帰国して数年が経ってからであった。

美里さん家族の後にも、その家は数組の日本人家族が借り手となっていた。皆、御主人の会社関連の駐在者であったため、その繋がりからとある情報が飛び込んできた。

貸家の裏手に広がる林。その奥地には、かつて周囲の畑に利用されていた貯水池が存在していた。美里さん一家が暮らしていた頃から既に作農には使われていなかったようで、酷く濁っていたし魚釣りなどができるような池ではなかった。そのため、殆ど近寄ることはなかった場所である。

その一帯が宅地造成されることになり、貯水池から水が抜かれた際――。

池の底から、白骨遺体が発見された。

歯型から、遺体は大家の伯父に当たる人物だと判明した。元々その土地には、大家の祖父の家が建っていた。放蕩(ほうとう)息子であった伯父は、犯罪やドラッグで何度も問題を起こし、実家を飛び出して音信不通となっていた。何処かで野垂れ死んでいるのだろうと、親戚一同そう思っていた。なのに灯台下暗し。伯父は、自宅の敷地内で何年も前に亡くなっていたのだ。

遺体に外傷はなく、事件性はないとされた。ドラッグの過剰摂取(overdose)で落水し、溺れ死んだのではないかとのことだった。

「ドアをノックしていたのって、その人だったんですかね？」

美里さんにも、怪談脳が芽生えた瞬間であった。

必殺の家

磯山さんの趣味は風水鑑定だ。

若い頃に興味を持ち、わざわざ講座まで受けたほどである。

あくまでも趣味の範囲だが、頼まれればアドバイザー的な役割も担う。

自身の家はもちろん、今までに二桁にも及ぶ実績があった。

それは二年前の春のこと。磯山さんは新たな依頼を受けた。

友人からの紹介で、今岡という女性だ。費用は幾ら掛かっても構わないので、風水的に最強の家を作りたいのだという。

一部上場企業に勤める今岡の夫は、仕事以外の付き合いも多く、家のことまで手が回らない。

今回の新築に関しても妻に一任しているらしい。既に土地は購入済みで、平屋を建てる計画である。

家族やお客様がゆったりと過ごせる家が理想だ。

相場の二倍以上の謝礼金に惹かれたのはもちろんだが、最強の家という言葉が磯山さんを奮い立たせた。

当然、注文住宅である。既に設計士と工務店も決めてあるとのことだ。

今岡は、大まかな設計図を持参していた。磯山さんは持てる知識を総動員して、その設計図に書き込んでいく。

説明しながら、要所を丸印で囲む。じっと見ていた今岡は、真剣な口調でこう言った。

「絶対にやってはならないことも教えてください。それと――」

家の中に、土地の神様用の社を作るつもりだから、それに最適な場所も教えてほしい。

磯山さんは、ほんの少し違和感を覚えた。そんなことをする家など聞いたことがない。

だが、多額の謝礼金が迷いを消し去った。要するに大規模な神棚だと判断し、設置場所を決める。

その後、幾度かの相談を経て、最強の家の下地が出来上がった。これを何処まで活かすかは設計士の腕に任せるしかない。

最終日、設計士にも直でアドバイスしようかと提案したのだが、今岡は柔らかく微笑みながら強く拒否した。

完成した家を見てみたかったのだが、それも拒否された。微笑みを保ったまま、今岡は帰っていった。

遠回しに来るなと言われた形だが、自分が関わった最強の家が気になって仕方ない。大体の場所は分かっている。緯度や経度の情報も鑑定に必要だったからだ。

磯山さんは、機会があれば見学してみるつもりであった。


それから丁度三週間後、磯山さんは所用があり、郊外へ車を走らせていた。

思いの外、簡単に用事が片付いてしまった。ふと、今岡のことを思い出す。多分、ここから五分ぐらいだ。

建築中の大きな平屋を探せばいいはずだ。事実、目的の家はあっさりと見つかった。

見える範囲には誰もいない。工務店の車が何台か止まっており、時々作業員が出入りする程度だ。

防音シートが張られているため、中は見えそうにない。車から降り、さてどうしたものかと思案していると、背後から声を掛けられた。

「何か御用ですか」

見ると、責任者らしき男性である。胸に大倉と名札を着けてある。

この家の風水を鑑定した者だと答えると、大倉の顔色が変わった。

「ちょっと一緒に来てほしい」

否も応もない。元々、見学を申し出るつもりである。磯山さんは、大倉の後に続いて建築現場に入った。

最初に見えたのは勝手口らしきドアだ。この時点で磯山さんは違和感を覚えた。

おかしい。そんなはずはない。この位置に勝手口がある訳がない。

庭を通り、玄関に向かう。既に木や花が植えられている。枇杷（びわ）、椿、しだれ柳が目に付く。

いずれも庭に植えるべきではない木だ。それら全てが最悪の位置に立っている。

唖然としたまま玄関に着く。玄関脇に折り畳み式の長机が置いてあり、家の図面が何枚か広げてあった。

「見てもらえますか」

大倉に促され、磯山さんはそのうちの一枚を手にした。

見た瞬間、これは駄目だという気持ちが顔に出てしまった。

「これ、本当にこの家のですか」

「そうですよ。うちの工務店、小さいけど結構な数の住宅を作ってるんです。けど、こんな家は初めて見た」

大倉は図面を睨み付けながら続けた。

「私は風水とか全く分からん。家を作ってきた経験しかないが、これだけは分かる。この家は良くない。何というか、捻じれてる。人が住んではいけない家だ。あんた、どういうつもりでこんな家にした」

磯山さんは慌てて否定した。

最強の家にしたいという依頼に応えただけだ、私自身も驚いている。

そう説明し、家の中を見せてくれるよう頼んだ。二つ返事で了承した大倉は先に立ち、家に入っていく。

大倉の言う通りだ。陽が射さず、風通しも悪く、全ての部屋に湿気が淀んでいる。

昼間から暗い部屋ばかりだ。特に酷いのは台所と寝室である。

台所は暗く、立っているだけで気が滅入ってくる。意外にも、寝室には大きな窓があった。

だが、景色が酷い。そちら側だけ垣根が低く作られているため、五十メートルほど先の大きな墓地が丸見えだ。

言葉もなく立ち竦む磯山さんの横で、大倉が言った。

「酷いもんだろ。そもそもだけど、この辺りは家を建てるような場所じゃない」

初めて耳にした地名だったので、大倉は事前に現地を調査したらしい。

その結果、この土地には耳を疑うような過去があった。

元々は個人病院が建っていた。内科の看板を掲げていたが、老人専用と言っても差し支えないような病院である。

監禁に近いことも行っており、入院したら生きて戻れないと言われていたそうだ。

寝室から見える大きな墓地には、その病院で亡くなった患者が多数埋められている。

院長が自殺してしまい、病院は取り壊された。そのあとは宅地として売り出され、幾度か住宅も建てられた。

いずれの住宅も、住む人を不幸にした。しっかりとした地鎮祭を行い、縁起の良い家相にしても全く効果がなかった。

それが今回は地鎮祭すら行っていないどころか、あえて不幸を取り入れるような家にしている。

「うちの作業員も、ここを嫌がるようになった。本当なら仕事を断れば一番なんだが、この儲けを失うのは正直しんどくてな」

そこまで聞いて、磯山さんは大切なことを思い出した。土地の神様を祀る社はどうなったのか。

訊かれた大倉は顔を顰め、案内すると言って部屋を出た。

広い家の中を進んでいく。工事は殆ど終わっており、今いる作業員は大倉を含めて三人とのことだ。

ところが、あちこちで人の気配がする。囁(ささや)く声が聞こえたり、人影が立っていたりする。

異様に頭の大きな老人が目の前を横切ったときは、思わず小さな悲鳴を上げてしまった。

大倉は見えていないようだが、作業員から何度も聞かされていたのだろう。

驚く様子も見せず、歩を進めた。

教えられるでもなく、件の部屋は分かった。理由は分からないが、空間が歪んで見える。

近付くにつれ下腹部が重くなり、吐き気を催してきた。

ああ、これは既に住み着いている。今岡がこの家を建てたかった理由が、部屋の中にいる。

そしてそれは決して土地の神様などではない。

確信する磯山さんの隣で、大倉は深い溜め息を吐いた。

「金のためとはいえ、えらいものを建ててしまった」

そう言って、大倉はもう一度深く溜め息を吐いた。

今岡を紹介した友人の情報によると、家が完成する前に夫婦は離婚していた。

夫に愛人がいたのである。今岡は、かなり前から計画しており、生活に十分な蓄えも用意してあったという。

折角建てた家なのに、今岡自身は一度も足を踏み入れなかった。

僅かの間、夫と愛人が暮らしていたそうだが、家の一室で二人仲良く首を吊ったらしい。

家は今、破格値で売りに出されている。

何でもない家

横田さんが小学生の頃、町内にあった家の話である。

その家は、ごく普通の木造二階建てだ。無人だが貸家の看板は掲げられていない。

定期的に清掃業者が訪れ、手入れを行っているせいか、庭だけは整っていた。

それだけでもかなり印象が変わる。事情を知らなければ空き家には見えない。

以前は澤井という老婆が一人で暮らしていた。

ある朝、溜まっていた新聞を不審に思った隣人が通報し、死んでいる澤井が発見された。

入浴中に亡くなったらしく、風呂場はとんでもない状態だったという。

その後も家は解体されず、そのままの形で残り続けた。清掃業者曰く、遺族が管理しているとのことだ。

手入れは庭と外周のみ、屋内には絶対に入るなと言われているそうだ。

この澤井家では、奇妙なことが起きていた。空き家のはずなのに、人の気配がするのである。

テレビや洗濯機の音、ドアの開閉音、入浴の音、咳払い等々、生活音が聞こえてくるのだ。

清掃作業は月に三度ほどで、昼過ぎには終わる。遅くとも三時までには帰ってしまう。

ところが音は午後や夜半、どうかすると深夜にも聞こえる。

無人なのは間違いのない事実だ。その証拠に、音はしても家の灯りは消えている。

そもそもガス、水道、電気は止められており、テレビや洗濯機が使えるはずがない。

そこまで明確な怪異が起こっているにも拘わらず、近隣住民は誰一人として調べようとはしなかった。

清掃業者にも聞こえているはずだが、仕事と割り切っている様子であった。

が、子供達は違う。彼らにしてみれば、澤井家は格好の肝試しの場所となった。

起こっている出来事は、命に関わるほどの怪異ではない。

祟りや呪いなどとは無縁の、言うなれば安心して楽しめる恐怖である。

夏になり、何人かの子供達が音の正体を探ろうとした。

最初に実行に移したのは、横田さんと同じクラスの高橋君である。

所謂(いわゆる)ガキ大将と呼ばれる類の男子だ。

高橋君が仲間二人とともに澤井家に向かったのは、七月の最初の土曜日だった。

まずは中に入れるかどうかだ。早い話が不法侵入であり、子供とはいえ立派な犯罪である。

もちろん、強引に侵入するほど無謀ではない。正直な話、高橋君は庭を歩き回るだけで帰るつもりだったらしい。

一応、形だけでもとドアノブに手を掛ける。驚いたことに施錠されていない。幸か不幸か、辺りに人影はない。

高橋君は率先して中に入った。家の中はひんやりとしている。うっすらと埃が積もる廊下を奥に進んでいく。

廃屋という感じではない。家具はそのままで、今すぐにでも暮らしていけそうだ。奥まったところに風呂場らしきドアが見えた。死体が発見された場所である。意を決した高橋君が進もうとした瞬間、風呂場の中から音が聞こえた。湯を張ったバスタブから誰か出ようとしている音だ。

そこまでが限界だった。全員が我先に逃げ出した。玄関のドアを閉めるのも忘れ、転がるように道路に走りだす。

振り返ると、目の前でゆっくりと玄関のドアが閉まった。

ここまでの体験を高橋君は自慢げに学校で話したのだが、聞いた皆は馬鹿にした。怪異は起こったが、音が聞こえてドアが閉まったというだけだ。知りたいのは、そうなる理由だ。

そこで逃げ出しては、わざわざ家に入った意味がない。

皆にそう言われ、プライドを傷つけられた高橋君は、その日のうちに二回目の予定を立てた。

夏休み前に行く計画だったが、実施には至らなかった。

高橋君の父親が急死してしまったのである。

担任の先生からの報告であり、死因などは分からない。高橋君も学校に顔を見せることなく、母親の実家に旅立っていった。

いなくなったのは高橋君だけではない。あの日、行動を共にした仲間の身内も亡くなっていた。

その二人も町を離れたため、クラスは一気に三人分の空きができた。

本来なら騒然となるはずだが、横田さんを含め、誰一人その話題に触れようとはしなかった。

無理に避けた訳ではない。何故だか全く気にならなかったのだという。

新学期早々、澤井家に新たな挑戦者が現れた。違うクラスの伊藤という子だ。

伊藤君はサッカーチームに所属しており、チームメンバー数人と出かけたらしい。

残念ながら、伊藤君もその仲間達も身内の不幸で転校していったため、どのような目に遭ったかは分からない。

横田さん自身も、仲間に誘われて澤井家に入ったことがある。

やはり、風呂場から聞こえてきた音に怯え、早々に逃げ出したそうだ。

今現在、その家がどうなっているかは知らないという。

澤井家に入った翌日、父親が急死してしまったため、母親とともに引っ越したからである。

身内が亡くなるかもしれないのに、何故その家に入ったのですかと問うと、横田さんは黙り込んだ。

暫くして、心底から分からないといった様子で答えた。

「そうか……そうですよね、何でだろう。考えたこともなかった」

魂の残香、立ち現れる処

怪談はいつも死のすぐ側にある。

怪談を語ることは死を語ることと近似であり、時には不謹慎だと人に誹(そし)られることもある。

それも致し方がないことだと思っている。だってその通りなのだから。

だがその反面、怪談はある役割を持っていると感じるときもある。

例えば大きな災害や事故など、あまりに大きな不幸を人間が前にしたとき、その悲しい体験を、時間をかけて心が受け入れていく過程。亡くなった方が幻としてでも親しい人の前に立ち現れ、涙を流すことでその悲しみを昇華させる。そんな例を見聞きしたときだ。

僕も怪談という文化と関わり合った当初は戦争等に関する怪談は扱いきれず、また人が軽々しく話すことを否定していた時期もあった。

だが、震災に遭われた方から直接話を伺ったり、先の大戦から時が経つにつれ、その地獄のような体験をした高齢者の方から話を伺う機会が減ってしまったり、何よりも僕自身が大事な存在を見送った経験などから、怪異を（死を）語り、考えることの意義を考えたりするようになった。

怪談は大事な何かを忘れないための、一つの手段でもあるのではないかと。

だがそうは言っても、やはり扱いが非常に難しい。

特に具体的に分かる事件などは加害者がいて被害者がいる。そしてその遺族、友人などその人達のことを大事に思っていた人たちがいる。戦国時代の落ち武者や、江戸時代の処刑場の話とは、やはりわけが違うのだ。それ故、最近の事件の話は扱いを慎重にせざるを得ない。

一方、不謹慎ではあるが僕は痴情のもつれの果ての事件などを扱うことにはほとんど抵抗感がない。もちろん加害者がいて被害者がいて、遺族がいることに変わりはないのだが、人間同士の心が激しく燃え上がり、その果てに起きたのが悲劇だとしても、その結末を知りたいという自分の欲求を押し止めようとは考えていない。だからこそ露悪趣味だと思いつつもこんな仕事をしているのだ。

だが、何も悪くないのに一方的に被害に遭ってしまわれた方の話を扱うことは、たとえ時間が経っていたとしても常に迷いが生じる。

「人は死んだらどうなるのか？　本当に死んでしまったら〝無〟なのか？　魂はどこへ行

くのか？」

その答えへの渇望感で僕らは動いている。

だがそれでも死を調べ、書き、語ってしまうことは不埒なことかもしれないという考えが頭から離れない。

鶴乃大助さんは青森県弘前市の怪談サークル「弘前乃怪」のメンバーである。

弘前乃怪は地元の怪談話を収集し、ネットや書籍での発表、イベントを開催したりしている熱心な会である。

話が怪談からだいぶそれてしまったようだ。

そんな地元に拘った怪談を愛する鶴乃さん達であるが、だからこそ地元では話せない話があるという。

「遺族の方とかがねぇ、まだすぐ側にいるからねぇ」

そう僕に教えてくれたのは、二十年ほど前に地元で起きた放火殺人事件に関する話である。

二〇〇〇年代初頭の五月某日、消費者金融会社の地元支店に強盗が押し入り、ガソリン（混合油）を撒き火を放ち逃走。この放火で男性一人、女性四人の従業員五人が死亡。四人が負傷した。

事件から約十カ月後、アリバイ工作をしながら逃げていた犯人は捕まったが、事件の衝撃はあまりに大きく、地元新聞は「ガソリンによる放火で瞬時に五人の貴い生命を奪い、本県のみならず全国を震撼させ、模倣犯をも続発させた残虐極まりない凶悪犯行」「青森県警史上かつてない凶悪事件」と表現した。

鶴乃さんは当時のことをよく覚えており、被害者男性の一人が自分と同い年、しかもその事件の前月に子供が生まれたという境遇まで一緒だったことを報道で知り、大いに同情し、かつ憤ったそうだ。

この事件は地元新聞の言うように全国区で有名になり、犯人が逃亡中であり、テレビで「超能力者による公開捜査」などの番組も作られるなどして、地元では相当強い印象を残している。そのため鶴乃さんが地元で怪異体験談を収集していると、この事件に関連した話が「ちょこちょこと」入ってくるそうだ。

現場は市内から国道に抜けるバイパス沿いに建てられた三階建てのテナントビル、都市開発でその辺りに店などが増え始めた頃に起こった事件である。

被害にあった消費者金融の支店は三階にあった。一、二階には別の業態の店舗が入っていたが、事件後は再開することなく建物は年内に解体されている。

その土地は後に駐車場になったり、大きなビルボード看板が立ったりもしたが、その後完全な更地になり立ち入り禁止のコーンが立ったままだそうだ。

事件の当時、そのテナントビルの横には大型の玩具店があった。

鶴乃さんは後年、そこの元従業員女性と知り合いこんな話を聞いたそうである。


事件後、現場には連日捜査関係者や報道陣が押し寄せた。だが一～二カ月もすると犯人は逃亡したままであったが、ワイドショーの話題は既に他へと移っていた。付近も落ち着きを取り戻した頃のことだ。

ある日のこと、玩具店が開店してまだ間もない時刻の頃である。

平日の午前中にはほとんど客がくることがない。皆で棚の整理をしていると、誰かが店内に入ってくる気配があった。入ってくる姿は見えなかったが、その気配は奥の乳児用のおもちゃコーナーに行ったようだ。

彼女が接客のために向かうと、ジャケット姿の男性の後ろ姿が見えた。天井から吊り下がったオルゴールのメリーゴーランドが回り、その下で男性は小さなぬいぐるみを手に取り、それを一生懸命に品定めしているようだった。

女性はその後ろ姿に見覚えがあった。ジャケットは先日事件があった消費者金融会社の制服であった。少し見える横顔からそこの男性店員であると分かった。親しくはなかったが、何度か会釈を交わしたことがある。間違いはないはずだ。だが彼は先日の事件で亡くなった被害者の一人だった。驚いて声も出せず、彼女は他の同僚に報告しにそこを離れた。だが戻ったときにはその男性の姿は既に消えていた。

実は他の従業員も同じ体験をしていたそうで、彼女は驚きこそすれ怖いとは思わなかったそうだ。

「怖いというよりかわいそう」

そう彼女は語った。

その玩具店も今は既になくなっているそうだ。

鶴乃さんは別の男性からもその事件にまつわる話を聞いたことがあった。

その男性は当時、食品を配送するトラックの運転手をしていたそうだ。事件のあったテナントビルの道路を挟んだ向かい側に全国チェーンのレストランがあり、そこへ店の営業時間外の深夜から明け方にかけて、食材を配達することになっていた。店から預かった鍵で無人の店内に入り、厨房に食材を置いてくるのだ。

その夜は事件からまだあまり日数が経っていなかった。

いつものように預かった鍵で裏口のドアを開け、食材を厨房に運び込んだ。

ふと何かが気になって、厨房から店内を覗き込んだ。

そこから広々とした客席が見えるのだが、道路が見える大きな窓側のテーブル席に女性が四人座っていた。四人は制服と思われる同じ事務服を着て二人ずつ向き合って座り、皆が同じ方向、窓の外に顔を向けてどこかを見ていた。

窓の外には先日放火事件があったばかりの、燃え跡の残る三階建てのテナントビルが見えていた。

運転手の男性はすぐに店を出た。

「あれは事件の被害者の店員女性達に間違いない……」

恐怖に震え上がった彼は、またその店舗に配送に行くのが怖くて、その仕事を辞めてしまったという。

また鶴乃さんは数人のタクシー運転手からも関連すると思しき話を聞いている。

「夜中に更地になってしまった店舗跡前で、手を上げてタクシーを拾おうとする消費者金融会社の制服を着た男性を見た」というのである。

事件現場は未だ更地のままで、何かに利用される様子はない。

その付近も土地開発が頓挫し、事件につられるように寂れたままであるそうだ。

これらの話を鶴乃さんから聞いたときに、僕は似た怪談を幾つか聞いたことがあるのを思い出した。

大阪で一九七〇年代に起きたデパート火災と、弘前でのこの事件と同年に起きた新宿歌舞伎町のビル火災に関する怪談である。

その二つの火災でも、発生から数カ月後に被害者が生前そのままの姿で酒場に現れたり、タクシーを拾って自宅に向かおうとする姿が見られたという幽霊話が幾つも残っている。

まるで、あまりにも突然に理不尽な死を迎えた魂は、自分の死に気づかず生前と同じ行動を取るというような。もしくは残された遺族が、そうであってほしいと願う姿を幽霊が見せるとでもいうような。

前述のように事件から十カ月後に犯人は捕まった。

裁判記録を見ると、犯人はギャンブルで抱えた借金返済のために強盗に入り、殺意はなく成り行きで火をつけてしまったと証言している。自身も死刑になると思わずに獄中から母親に出所後の相談など手紙でしていたようである。

また子供の頃は母親思いの優しい子であったそうである。

裁判では殺意の有無を争点に最高裁まで争われ死刑が確定、その後事件発生から十三年後、死刑が執行された。

犯人の甘く愚かな行為で、ここでまた自身の望まぬ死が一つ増えた。


犯人が裁かれ、現場に現れていた幽霊達は今はどうなったのだろうか？

無念ははらされ穏やかに成仏できたのだろうか？

そう願うが、その魂の行方は僕らには分かりようがない。

＊参考資料
一般財団法人　不動産適正取引推進機構・不動産取引紛争事例等調査研究委員会機関誌「ＲＥＴＩＯ」
東奥日報社Ｗｅｂ東奥
週刊新潮　〇三年五月二九日号

縁由の棲家

——奇譚ルポルタージュ

森某という人物がいる。

とある取材先から幾つかステップを踏んで紹介された人物だ。

広いネットワークを持つ中年の男性である、とだけ紹介しておこう。

ある日、彼と電話で会話していたときだった。

本アンソロジーのテーマについて水を向けたところ、彼は声を立てて笑った。その後、何処か不愉快だと言わんばかりの口調に変わった。どうせ、近年よくメディアが騒いでいる〈事故物件・瑕疵物件〉の話が訊きたいのだろう、と呆れ声だ。

『モラル関係なしに、面白おかしく書ければいいのだろうね』

完全に機嫌を損ねてしまったせいで、そのときは話を打ち切られた。

それから一週間ほど過ぎた頃、森某氏から連絡が入った。

『物件関連の話、何人か紹介するから聞いて。自分も知っていることは話すから。でも、不動産業とかだと報告義務以外で物件や顧客のことを外部に漏らすのは守秘義務違反になる。書く側もそこはきちんと意識をしたほうが良い』

現在の状況を鑑みて、電話インタビューとなった。

おかげで幾つか書くことができた。もちろん、森某氏だけではなく、話の提供を快諾してくださった方や協力してくださった方は多い。各関係者へ謝辞を述べたい。

＊

楮野（かじの）さんという人物がいる。

彼女は小学生の子供を二人抱えたシングルマザーであった。

先立った夫の死で入った大金は、複数の人間に半ば無理矢理奪われた。義父母に親権すら取られそうになったので、それだけは死守した。が、その後、出所不明の悪い噂を流されてしまう。長年の友人や、仕事上の知人達はあっという間に離れてしまった。

結果、職場変更と引っ越しを余儀なくされた。

手に職を持っているので食いはぐれはないが、精神的に辛い時期が続く。

彼女は心の支えにと、宗教を頼った。

今になって考えると悪辣（あくらつ）な新興宗教であり、信者から金を吸い上げるだけの団体だ。

それでも子供達のために幸せになるのだと、彼女は信仰を強めた。

この宗教は、信者全員に新たな信者の獲得を迫るタイプであった。

沢山の信者を獲得すればそれだけの功徳を得られる、らしい。

だから楮野さんも毎日頑張って勧誘を続けた。

新しい土地でできた友人知人は、彼女から距離を取り始めた。

もちろん新規信者の獲得はできない。

(これでは功徳が得られない。幸せになれない)

彼女は大半の信者がやるように、見ず知らずの家へ飛び込みで勧誘を始めることにした。

中年の先輩女性信者へ仕方を訊ねたが、長年のノウハウを教えたくないと首を振る。

ただ、幾つか注意事項を教えてくれた。

楮野さんのよう見目(みめ)の良い女性は、男性宅を独りで訪れないこと。

明るいうちに回ること。

そして——この近隣で、訪ねてはいけないところがあること。

「そこは悪霊(あくれい)の住処で、行けば祟られてしまい、会でも助けられなくなる」

場所を訊けば、意外なほど多い。アパートの何号室と言う特定の部屋だったり、戸建て住宅だったりと、パターンは一定ではない。また、時折増えることもあるという。

しかし、祟られるとは一体何だろうか。彼女は疑問をぶつけた。

「ここ一年で会を辞めた人が何人もいたでしょう？　金銭問題や人間関係、病気や怪我、突然死とか。そんな酷い目に遭った人は、私達の話を信じず、そこへ行ったから」

全ては悪霊の仕業、祟り。だから貴女は行かないように、と釘を刺された。

(自分のテリトリーを荒らさせない嘘かもしれない)

最初はそう思った。他の信者へ確かめてみた。

訪ねてはいけない悪霊の住処はあるのか、と。

全員、寸分違わず同じ物件を口にした。まるで口裏を合わせたように一致していた。

件の先輩信者が吹聴しているのか。疑いを強め、情報元を確かめる。一部はそうであったが、大半は教祖とその側近から聞かされたということだった。

だとすればこれは本当だろうと、彼女はそこを避けることを決めた。とはいえ、気になるので近くを通るときは必ずチェックする癖が付いてしまった。

そして、あることに気が付いた。

〈悪霊の住処〉と言われた場所は、人の入れ替わりが多いことに。

数カ月という僅かな間に、引っ越しトラックが停まっている所を数度目撃する。

葬儀が出たなと思っていると、あっという間に空き物件になる家屋もあった。事情は分からない。その後、すぐに新たな住民が入るのも、何かおかしな印象を受けた。

もちろん中には住民の顔ぶれが変わらない家もあったが、どことなく直視したらいけないような容貌の家族であることが大半だった。

入信から二年も経たない頃だったか。

楮野さんは新たに増えた〈悪霊の住処〉から件の先輩信者が出てくる姿を見た。

建てられてから数年くらいの独身者向けハイツ、その二階角部屋だった。

一回り以上下に見える若い男性と、二人連れ立っていた。先輩の姿は、いつもより派手なメイクと服装だ。赤いリップが目立っている。

先輩は彼女に気付いた。すぐに踵(きびす)を返し、男性と部屋へ戻っていく。

（あれだけ祟ると言って恐れていたのに）

理解できない行動だった。

先輩とは一カ月ほど顔を合わすことがなかった。互いに避けているからだ。

その後、先輩が行方知れずになった、と他の信者から聞かされた。

「夫と中学生の子供を置いて、若い男と逃げた」

すぐに得心がいく。ああ、あの男だろう、と。

数日後の昼間、楮野さんは、先輩と若い男が出てきたあの部屋の近くまで足を運んでみた。

何となくの行動であった。

下からだと、例の角部屋が空きになっているかは分からない。

わざわざ階段を上って確かめるのも不躾な感じがした。

自らの行動を後悔しながら、もう一度その部屋を見上げる。

ドアの脇の、格子が付いた小さな窓が中ほどまで開いていた。

そこから、女が顔を縦半分出して、じっとこちらの様子を窺っている。

逃げたという、先輩信者だった。

あの日見た派手なメイクで、赤い唇をしている。逃げずに男と潜伏していたのか。声を掛けようか逡巡している間に、窓が閉まった。

出てくるかもしれないと待っていたが、ドアは開かない。

こちらから訪ねるべきかと悩んだ。が、止めておいた。関わり合いになればトラブルの元だと判断したからだった。

先輩を見かけた日の晩、宗教の会合があった。

そこで、先輩が亡くなったことを耳にした。

自死だったらしい。発見者は夫で、場所は家族と住んでいた家であったと聞く。

家の何処で、どのようにかまでは誰も知らなかった。

ただし、その話が判明したのは、二日ほど前である。

楮野さんは混乱した。日中、自分が見たのは確かに先輩だった。

目は良い。見間違えではない。顔の縦半分だったとはいえ赤々としたリップも目にした。

親しい信者仲間に相談しようとしたが、そこは堪えた。まず、例の部屋がどうなったのか、確かめてからでも遅くないと考えたからだった。

翌日の午前中、あのハイツの二階角部屋を訪ねた。

ドアも格子付き窓も全て施錠された、空き部屋だった。

現在、楮野さんは会を抜け、子供達と幸せに暮らしている。

〈悪霊の住処〉の祟りに勝てない宗教や功徳に意味があるのか。そう思ったからだ。

一度悟ってしまえば、後は冷静になれた。だから宗教を遠ざけた。

あの〈悪霊の住処〉は何処も人の出入りが激しいままである。

ハイツの角部屋も、同じく。

会は教祖が急死し、跡目争いがあったらしいが、今は無関係なので詳細は分からない。

*

梯君は〈高額なバイト〉をしたことがある。

とてつもなく山深い集落へ一年以上住むことが、その仕事内容だった。

大学を辞めて夜の街で働いていたとき、ある人物らから斡旋されたのである。


集落がある場所は、夏は暑く冬は雪深い地域である。

猫の額ほどの狭い土地は平らな場所が少なく、正に山村といった雰囲気があった。

最初は四年と言われたが、流石に無理だと固辞した。

問題の家は家屋ごと土地を格安で買い上げたもので、後に転売されるらしい。

簡単に言えば、土地転がしというものだ。安く購入した土地を高額で売るのである。

税金関係で五年以上所有しないと利益が薄くなることは理解している。

しかしどうしてこんな辺鄙な場所を選んだのか、何故誰かが住まねばならないか。そこは理由を教えてもらえなかった。

否。自分はただのバイトなのだから知る必要はないと判断し、深く聞かなかったのだ。

梯君が集落に住み始めたのは、雪が降りだすまであと少しという時期だった。

荷物整理を終えた後、改めて周辺を見回した。

自身が住む家は、周囲より数段下がった集落の中央にある。

木造建築の平屋で古い。が、昭和を感じさせるだけで普通の物件と言えた。

テレビや暖房器具、調理器具は新しめのものが用意されている。使用された痕跡があったので、彼の前に住んだ人間がいたことは見て取れた。それが元の住人か、雇用主に雇われた――自分のような――人間だったのかは分からない。

そこから少し離れた場所に鎮守の森がこぢんまりと広がり、その中に小さな社があった。

集落独特の宗教儀礼があると聞かされていたが、それが行われる場なのだろうか。

この社を挟むように、真新しい石灯籠が二つ奉納されていた。

奉納した人間の名前と住所が彫り込まれているが、関東の人間らしい。名前は大仰な漢字が多く、本名とは思えないものだった。

その森を囲むように他の住宅はある。

自分の住処を除いて数えてみれば、全部で八軒だった。

段々畑の脇や、小さなコンクリートの橋を越えて上った坂の上、林がある斜面の途中を切り開いた場所など、殆どが高台に建っていた。

例えるなら、すり鉢の底に彼の住まう家と鎮守の森があり、そこを見下ろすような形で斜面に家々がへばり付いている、と言えば良いか。

障害物もないので、周りの家全てから、森と彼の家は丸見えだろう。逆に言えば、彼からも他の家の様子は確認できるということでもある。

考えてみれば、鎮守の森はその土地で一段盛り上がった場所にあるのが普通だから、一風変わった構造だと言えなくもない。

集落にいるのは老人ばかりで、田畑の半分以上が荒れていた。山も手入れがされていない。働き手がいないせいだ。

限界を超えた危機的集落と言えた。

老人達は梯君を余所者と判断し、近付いてこない。村八分どころか村十分な状況だ。

昔からの共同体的体質が未だに強く根付いていることが体感できた。

孤立は予想していたが、ここまで酷いとは思っていなかった。

人間関係は仕方ないと諦めたが、他に問題があった。

ただ家に住めば良いだけのバイトで、他に何もやることがないことだ。

集落には娯楽どころかコンビニすらない。移動手段のない梯君のために、食べ物や他の物資は二週間に一度、雇い主の身内が運んできてくれる。

そのとき、生きた人間と対面で会話ができることがとても有り難かった。たとえそれが厳(いか)つい顔の男性だとしても、だ。

後の楽しみは、スマートフォンやタブレットを見るか、友人とビデオ通話をすることくらいである。端末の購入も通信費も雇い主持ちであったから、数少ない救いであったと言える。

それほど彼は孤立していた。


日中やることのない梯君は、この集落を散歩するのが日課になった。

家を出るとまず鎮守の森へ行き、社に手を合わせる。

ぐるりと集落内一周をするのだが、アップダウンがあるため二時間以上掛かるものの、よい腹減らしだった。

そのとき、よく視線を感じた。

そちらを振り返ると、少し離れた家の脇に老人が立っている。

携帯かスマートフォンを耳に当てながら、こちらに視線を向けていた。

声を掛けるべく近付くとすぐに電話を切り、逃げるように屋内へ入る。

だから会話は成り立たなかった。

散歩を繰り返して分かったのは、集落内に年老いた男性が三人、女性が四人いるということ。彼らが全員独り暮らしであるということ。そして、全員が割と新しめのスマートフォンを所有していること、だろうか。

考えてみれば、山奥の割に携帯の電波状況は悪くない。

企業の努力に感心しながらも、彼には疑問に思うことがあった。

(集落の家は自分の所を含めて九軒。しかし姿を見せるのは、七人)

夜になると全ての家屋に灯りが灯るから、空き家はないはずだ。

それぞれに一人ずつ住んでいるとすれば、確実に一人足りない。

残る一人の姿を求め、彼はそれぞれの家を密かに調べた。

どの老人が何処に住んでいるか確定するためだ。

全員の組み合わせが確認できた。

消去法で分かったのは、問題の姿なき住民は北側の平屋に住んでいる可能性が高いと言うことだった。


ある日の昼間、姿なき住民が起居しているはずの一軒を訪ねた。

訪ねたと言っても、身を隠しながらの訪問だった。

庭側の掃き出し窓を確かめると、カーテンが全て開かれていた。身を潜めながら、ガラス越しに内部を覗く。テレビや小さな炬燵などの家電、水屋などの家具、座布団が見える。

ただし、その主である人間の姿がなかった。

他の窓から見ても、身を隠せそうな場所は室内に見つけられない。あるとすれば風呂場かトイレだろうか。或いは押し入れだろうが、そこへ入る理由が思いつかない。

少し待っていたが誰も姿を現す様子はなかった。

ともかく、何者かが住んでいる様子だから、昼間何処かへ行っているのは確かだと思った。だから日が落ちてから再び足を運んだ。

近付くと生活音が聞こえる。テレビや食器の音、足音だ。

掃き出し窓を始めとして、窓全てのカーテンが閉められている。

見つからないよう、這い蹲って裏手へ回った。カーテンのない小窓があった。そっと中を窺う。ちらっと見える屋内はあの居間のようだ。

炬燵の上にテレビのリモコンと、スマートフォンがあった。

しかし、人の姿はない。気配はあるのだが、ただそれだけだ。

延々と覗いていると、不意に背後から視線を感じた。

振り返ると、そこは林である。

木々の間はただただ黒いだけで、誰もいない。

急に冷えが来たので、彼は家へ戻った。
翌早朝、日も明けきらぬときに梯君は家を出た。
問題の家から出ていく人物の姿を確認するためだ。
見上げれば、家の灯りが点いている。まだいるようだ。
足音を忍ばせ、坂を早足で上がる。
微かにテレビの音が聞こえた。咳のようなものも響いた。
辿り着く寸前、パッと家の中が暗くなる。テレビの音どころか、物音すら消え失せた。
相手は出かけるのだ。
身を伏せ、玄関へ視線を固定する。しかし待てど暮らせど誰も出てこない。
掃き出し窓も開かない。裏口はなく、出入りできそうなのはこの二箇所であるはずだ。
日が昇りだしたが動きがない。掃き出し窓のカーテンが開いていることが見て取れた。
見つかっても良いと庭へ侵入し、中を確かめた。が、誰もいない。
炬燵の上にはやりかけの将棋板が載せられていた。スマートフォンは消えていた。
再確認したが、やはり玄関と掃き出し窓以外、人の出入りする場所はなかった。
気持ちが悪くなり、これ以降はこの家に近付かないことを決めた。
また、散歩以外で集落を歩くことも避けるようになった。

——が、その後から気になることが起こり始めた。

昼夜問わず、視線を感じるのだ。

外でも、家の中でも所構わずである。

視線の方向に目を向けるとそれは止む。ただ、誰もおらず、ただ何かに見られていた感触だけが残った。

外の場合も同じだ。以前なら変わりに、ではないだろうが、老人がこちらに視線を送ることがなくなった。

おかしいのは積もり積もった雪の中や、家の冷蔵庫から感じられたことだ。

被害妄想による気のせいだと否定するが、暇なく繰り返されると神経が磨り減る。

四カ月を待たずして、梯君はギブアップした。

電話で雇用主に解雇を申し出ると、呆気なく了承された。

全て分かっていたような態度だ。

その日のうちに迎えの車が来て、実家の近くまで送ってもらった。

以降、不可解な視線はぴたりと止んだ。

数年後、外出自粛が始まる前年に、梯君は件の集落に足を運んだ。

住民の全てが姿を消しており、空き家だけとなっていた。

田畑と山は荒れ果てていたが、家屋だけは綺麗にその姿を保っている。

とはいえ、あの誰が住んでいたか分からない北側の家だけは、全ての戸を外された状態になっていた。中を覗くと家具や畳、襖などはすっかり撤去されており、もぬけの殻といった様子だ。理由は分からないが解体寸前のような空気が感じられた。

ただ、どういう訳か、あの鎮守の森と社、石灯籠、そして彼が住んでいた平屋があった場所だけが綺麗に整地され、何もかもなくなっていた。

＊

大林さんは中部地方某所へ単身赴任となった。

彼の住居は、会社の借り上げた単身者用集合住宅の一室だ。

玄関から繋がるキッチンとリビング。隣には畳敷きの和室がある。トイレと風呂は別になっており、エアコンやネット完備という普通の物件だった。

三年ほど前に建てられたという築浅なもので、非常に綺麗だったという。

住み心地の点では申し分のない部屋と言えた。

ただし、近隣の住民の質が余りよくないことや、周辺の土地関連で良い噂を聞かないことに加え、平日休日問わず新興宗教の勧誘が繰り返されるのには閉口せざるを得なかった。

赴任の後、彼には夜の日課ができた。関東に住む妻子とビデオ通話をすることだ。

私物のノートパソコンをローテーブルに置いて、アプリを使うのである。

お互いの近況報告もだが、一日一日成長していく娘の姿を確認するのが楽しみだった。

二歳に満たない娘だったが、結構話すようになっている。単なる単語だけが多いが、それでも何かを認識し、意思を持って言葉を発しているようだ。

画面越しだが自分を見て『ぱぱ』と娘に呼ばれるのは、仕事疲れが吹き飛ぶ。

しかし『ばいばい』と手を振られ、通話が切れる瞬間がとても厭だった。独りの部屋が静かになって、単身の寂しさが強調される。

仕事の都合で子供が眠った後の通話になることもあり、寝顔すら見られないことも多々あった。だから、早く関東へ戻りたいとそればかり思うようになった。

単身赴任から一年が過ぎた頃か。

日本国内でも移動自粛の流れがやってきた。

それまでは一カ月に一度、或いは連休などの長期休みがある度に妻子の元へ帰っていたが、それも控えるようにと会社から通達があった。可能なら仕事もリモートである。

毎日のビデオ通話だけが大林さんの慰めだった。

ところが、この自粛期間に変わった夢を見るようになった。

連続のこともあれば、数日置きということもある。シチュエーションや流れは、毎回大体同じであった。

舞台は単身赴任で住んでいるこの部屋だ。

窓の外は暗いので、夜から明け方に掛かる辺りか。とはいえ、やけに室内は明るい。

テーブルの上に置いたノートパソコンは閉じられている。

〈ああ、家族と通話しなくちゃ〉

準備を始めるのだが、パソコンの天板が開かない。

焦っている最中、不意に玄関ドアが開く。

顔を向けると、子供が立っている。

小学校低学年くらいで、髪は少し長い。ほっそりとした体躯で、顔も整っている。

明るい色のTシャツとジーンズは男子とも女子とも付かない服装だ。

無遠慮に上がり込んできた子供が、声を発する。

〈ぼく、〜〜〜〜〉

名前は聞き取れない。ただ（この子は男の子だ）とそこで理解できた。

男の子は手に持った小さな青いプラスチックケースから、何かを取り出す。

名刺より小さなそれは、チョコレートのおまけに付いてくるシールだった。

天使と悪魔をテーマにした、デフォルメキャラクターの描かれているものである。

大林さんは集めたことがなくて詳しくないが、人気があったことは知っていた。

〈これあげる〉

男の子はシールをテーブルに置いて、さっと外へ出ていく。

閉じる寸前のドアの隙間から、若い女性の姿が覗いた。男の子の顔によく似ていた。

自分だけの部屋になり、残されたシールをぼんやり見つめていると、そこで夢は終わる。

目が覚めると、スマートフォンの目覚ましが鳴る数分前であることが多かった。

また、起きた後に内容の細部まで思い出せるほど、明瞭とした夢だった。

例えば、シールの絵柄だ。

ここだけが毎回違っていた。

シンプルな可愛いキャラクターであったり、正に悪魔といった様相のキャラクターであったりと、バリエーションが豊富なのだ。

名前らしきものも載っている。流石に全てを記憶できなかったが〈ヤマト〉や〈聖〉〈サタン〉などの文字があった。

ネットで調べると、夢で出てきたシールそのままのものがあって驚いた。

(知識がなくても夢に出るのか。いや、何かで見かけた記憶が見せているのだろう)

大林さんはそう考えて自身を納得させた。


夢を見始めてからどれくらいが過ぎたか。

また男の子の夢を見た。が、少しだけ内容が違っていた。

その日のシールはキラキラしていて、上に〈デビル〉と書いてある。

価値がありそうだなと思い、手を伸ばしたとき、女性の叫びが聞こえた。——そこで目が覚めた。

翌日もまた夢を見た。

男の子がくれたシールはまた輝くタイプで、〈ゼウス〉と入っている。

いつもと違い、目が覚めない。シールを手に取れた。

裏面に何か説明文があるな、読んでみよう、としたところで目覚ましが鳴った。

そして三日目の夜も夢が始まった。

ドアが開いた。

男の子がいた。

しかし、いつもと違う。

彼の顔は青紫に腫れ上がり、変形していた。腫れぼったくなって閉じた目、鼻、口辺りから流血している。これだといつもの男の子かどうかも分からない。

よく見れば、手足も痣だらけだ。首にも指の跡があり、髪や衣服が乱れていた。

男の子はシールすら出さず、無言のまま外へ出ていく。

ドアの向こうに、女性の姿はなかった。

ドアが閉じる。一転して辺りが真っ暗になった——ところで目が覚めた。

枕元でスマートフォンが鳴っていた。

目覚まし音ではなく着信音で、妻の名前が表示されていた。

愛娘の訃報を告げる電話だった。


会社の理解もあり、大林さんは葬儀へ出席することだけはできた。

死因はＳＩＤＳ。乳幼児突然死症候群で原因不明の死であった。


独身となった彼は、今も中部地方で赴任を続けている。

同じ部屋に住んでいるが、もう、あの夢は見ない。

＊

柏木さんという人物がいる。

三十代前半の青年で、線の細い印象があった。

彼は三十歳を過ぎた頃、思い切って家を買った。

某県某所にある中古住宅で、庭付き一戸建てという物件だった。

会社を辞め、関東から地方へ移り住みたかったからだ。

都会より、地方の生活リズムのほうが彼の性に合っていた。

建屋は平屋であるが、モダンな造りである。元は若い夫婦が建てたらしいのだが、ローンが払えなくなり手放した、と聞いた。

家屋土地付きであるが、貯蓄と親からの援助で賄えるほどの低価格だったという。

地方での再就職の目処も立ち、柏木さんは新居の掃除に訪れた。

中古住宅とはいえ、綺麗な状態だった。

不動産会社がハウスクリーニングを入れたのかもしれない。

部屋や収納、庭をチェックして、問題がないことの確認を終えた。

人が住める環境を整え、漸く人心地付いたのはそれから二日後だ。

彼は独り祝杯を挙げた。

近くには友人はいなかったし、彼女も関東へ置いてきた。正しくは、彼女は〈田舎なんかに行きたくないし、収入が下がるのが厭〉らしく、向こうから別れ話を切り出されたので、それを了承したのだ。

どちらにせよ、新生活への期待が大きかったので大した問題ではなかった。


働き始めて数週間後だったか。

自宅で何かを探さなくてはならなかった。

仕事を終え、家に着いたのは午後七時を回っていた。

寝室の押し入れにあるボックスケースを引っ張りだし、中身を探る。

見覚えのないものを見つけた。

カメラのフィルムだった。

円筒形のプラケースに入れられているが、使用されているのか、されていないのかすらも分からない。そもそも彼はフィルムカメラを持っていなかった。

引っ越し業者や配送業者が偶然落としたものかと考えたが、それはない。

何故なら、このボックスケースは三日前に彼自身が選んで買ってきたものだからだ。

中身を入れる際、こんなフィルムはなかったし、入れなかった。

埒が明かないので、フィルムは翌日に大手のカメラ店へ出された。

二十四枚撮りのカラーフィルムで、仕上がってきたのは五枚だけだった。

他は失敗などではなく、ただ単に使っていなかっただけらしい。

四枚は、元彼女の姿がプリントされていた。

どれも全身が写っており、彼女は屈託のない笑みをこちらへ向けている。

場所は関東のテーマパークで、日中の撮影だとすぐに理解できる。髪型や服装、誕生日にプレゼントしたアクセサリーなどから鑑みて、ほんの数カ月前のものだろう。

しかし、そのときはスマートフォンでしか撮影をしていない。

残る一枚も彼女だったが、他の四枚と雰囲気が違っていた。

胸から上の横顔で、ぼんやりと寂しげな表情をしている。

全体が暗いオレンジ色だから、夕暮れ時か。光量が足りないせいで暗い写真だ。背景には何もなく、空なのか、壁なのかすら判別が付かない。

髪型やピアスは他の写真と一致している。

インデックスプリントやネガをチェックすると、日中のテーマパークの二枚、夕景らしきバストアップの一枚、そして残りの二枚という順番で撮られている。

ただし、それだと問題があった。

日中の合間に夕暮れの写真が入るのは、時系列としておかしいからだ。

そもそもこの日は日帰りをしているので、日を跨いでもいない。

否。それ以前の問題で、フィルムカメラは使っていないのだ。

元彼女へ連絡を入れて確認してみるが、他のカメラで写されたことはないと断言する。

『私の写真なんてあっても厭だろうから、今から言う住所へ送って、全部』

関東だが、知らない住所になっていた。引っ越したのだろう。

翌日、ネガを含む全てを郵送しておいた。着いたとメールが来たのは、三日後だった。

フィルムの一件から一カ月ほど過ぎた。

クローゼットからジャケットを取り出すと、何か違和感がある。

ポケットに何かが入っていた。手を差し込めば、硬い感触があった。

一本のカセットテープだった。

大手メーカーのもので、プラスチックケースに入っている。

六十分テープだったが、以前のフィルムと同じく自分のものではなく、覚えがない。

更に言えば、テープが入っていたジャケットは先日購入したものである。

急に痩せたせいで、服の買い換えを始めていたのだ。

気持ち悪さが先に立った。棄ててしまおうとすら思った。

しかし、中身が気にならないと言えば嘘だった。

翌日、中古のラジカセを買ってきて、テープを再生した。

始まったのはラジオのエアチェックだ。関東の番組で、こちらへ引っ越す前辺りの放送だった。

ラジオが突然切れた後、今度は最近流行の曲が数曲入っている。

途中で、無音が続いた。早送りしようとしたとき、ブツッとノイズが入り、会話が聞こえてくる。ラジオドラマかと思ったが違っていた。

柏木さんと元彼女の会話だった。

日常の何げないもので、明日の予定は、いついつに何をしよう、調味料が切れた、等のつまらない内容だ。

A面からB面に切り替わってもそれは変わらない。

まるで盗聴した内容を記録したような印象がある。

気持ち悪さに停止ボタンを押そうとした瞬間、またノイズが入った。

歌声が始まった。

声は、彼女のものだった。

伴奏はない。アカペラだ。小さな声でゆったりと口ずさんでいる。

小学校で習ったようなものが一曲。曲目が分からない。続いて他の曲になった。

〈しゃぁぼんだぁま　とぉんだぁ　やぁねまでぇ……〉

しゃぼんだま、だった。

酷く悲しげな歌い方に変わっている。

そして一番を歌い切りそうなとき、プツっと切れた。後は無音だった。

再生を繰り返すが、内容は変わらない。全部で四十分ちょっとだ。

写真のときと同じく彼女に電話を入れた。何故か相手は最初から怒りを孕(はら)んだ口調だった。

『分かんないけど、送って』

以前控えた住所へその日のうちに送った。

それから数日過ぎても受け取ったという連絡がない。気になったので通話アプリでメッセージを送ってみるが、既読にならなかった。どうもブロックされたようだった。

電話も着信拒否されている。実家の番号も住所も知らない。

住所以外の連絡手段が失われてしまった。

アプリをブロックされたのに手紙を出すのは気が引けて、有耶無耶のまま放置となった。

いつしかアプリから彼女のアカウントは消え、一切の繋がりはなくなった。

以降、フィルムやテープが見つかることはなくなった。

代わりに、彼がスマートフォンで写真を撮ると、十枚に一、二枚の割合でエラーが出るようになったという。

データとして残るが、一面が真っ黒であったり、赤黒かったりして、全く意味を成さない画像なのである。困ることはないが、ただただ気持ち悪いと彼は言う。

柏木さんに確認の電話をしたとき、彼はぽつりとこんな話をした。

一つは、今住んでいる家が何だか厭だ、と言うことだった。

傾いているような感じを受ける。しかし水平器ではきちんと水平が出る。

また、庭から家の裏手に入ると、異様に土が軟らかくて水捌けが悪いことに気が付いた。

そして特定の部屋で腐臭を感じる。和室とフローリングの一室であり、吐き気を催すレベルで臭い。しかし慣れてしまうのかいつしか臭いは消え失せている。

家を手放すか悩んでいるらしい。更にもうひとつ。

『元カノのことです』

元彼女は現在行方知れずだと言う。相手の両親から居場所が分からなったと連絡があったのだ。

所謂失踪であるのだが、その時期に問題があった。

柏木さんがフィルムを見つけた後辺りだった。

そのときは既に携帯は解約されており、当然通話アプリもアカウントがなくなっている。しかし彼はカセットテープの件で連絡ができたし、当時はアカウントも消えていなかった。

この矛盾の説明が付かないせいか、彼自身かなり疑われたようだった。

例の新しい住所も提出しているが、その後調べが付いたのか詳細は分からない。

ネットで検索すると、関東にある集合住宅に行き当たる。特に問題のない物件だ。

ただ、調べていくと周辺に良い噂がない地域でもあった。

今も、元彼女の行方は分からない。

＊

柏木さんの取材から二カ月ほどして、森某氏と電話で話していた。

『(何かオカルト的な要因で）人が死ぬような物件はほぼなく、原因は物理的なものだ。また、人目に付き難い、或いは確実に死に易い立地なら、判で捺したように自殺者が繰り返しやってくることもある』

有名な自殺の名所（某所の橋や崖、樹海、そして特定の建物など）へ行くと何となく分かる。死に易そうだ、や、ここなら、と心ならずとも考えてしまうからだ。

『その〈死に易そうだ〉を感じてしまい、最後のスイッチが入るのだろう』とも言う。

興味深い話の途中、氏が唐突に話題を変えた。

『紹介した、家を買った話の、あの柏……』

ブツンとノイズを立てて、電話が切れた。

掛け直すと、氏が不本意だと言わんばかりの声を上げる。

『電波は良いのだが。で、柏……』

またノイズとともに電話が切れた。もう一度森某氏へ繋ぎ、今度はこちらから柏木さんの名を口にした瞬間——切れた。

その後は、二人とも如何にして柏木さんの名を出さずに会話するかで四苦八苦したことは言うまでもない。

数日後、今度は柏木さん本人に直接電話を掛ける用事ができた。

ところが、電話は繋がるのにあちらの声が聞こえない。ノイズすらない無音なのだ。

そして、ブツンと音を立てて、通話は強制終了された。

繰り返しかけても同じなので、通話が切れることを含めた内容をメールで連絡するのだが音沙汰がない。

森某氏に報告すると、彼から連絡を取ってもらえることになった。

ところが、連絡が付かない、そちらと同じ状態だと報告があった。

今現在（本アンソロジー原稿執筆時）まで、柏木さんからの返答はないままである。

振り返ればそれがいる

ずり、ずり、ずり、ずり。

晩酌を済ませ横になっていた谷村さんの目が覚めた。

畳の上を摺り足で歩いているような音であった。

——おじいちゃん、いよいよおいでなすったか。

目を閉じたまま、部屋に蠢くもう一つの存在に耳を傾けながら思った。


谷村さんは岩手県で建設業を営んでいる。

今回の現場は県内とはいえ、毎日通勤するには遠い。そこで工事の期間中、現場の近くに家を借りて、部下とともに寝泊まりをすることにしたのだ。

どうせ数カ月の仮住まい、家賃が安ければ何でも良い、という谷村さんに、不動産屋が紹介したのがこの家であった。

築年数こそそれなりに嵩(かさ)んでいるが、小ぎれいな一戸建てである。一階に居間と和室があり、二階には洋室があった。広さは申し分ない。

にも拘わらず、畑のど真ん中という立地を差し引いても破格の安値である。安ければ何でも良いと言ったのは自分自身だが、流石にこの値は気になる。

心配する谷村さんに対し、営業マンは爽やかに言った。

「これはあくまで決まりなので申し上げますが、こちらの物件では以前住民の方が亡くなっておられます。お一人でお住まいのおじいちゃんですね。事件や事故ではなく、自然死ということですので、御安心ください」

なるほど、所謂事故物件という奴である。

けれども、谷村さんは怖いとは思わなかった。田舎の一軒家とはいえ、腕っぷしの強い男ばかり六人で暮らすのである。その騒がしさに幽霊など出てくる隙はなかろうし、何かあっても誰かが必ず助けてくれるはずである。

そうして迎えた初めての週末、谷村さんは早くも目論見が崩れたことを知った。

二階で寝起きする部下達は、みんな自宅へ帰ってしまったのだ。

ひっそりと静まり返った家の中に、テレビの声だけが響いている。

バラエティ番組を観て笑い声を上げても、そこに反応する人はいない。空気をむなしく揺らすだけである。

――これではまるで、俺が独居老人みたいではないか。

独りごちた谷村さんは味けない弁当を早々に食べ終えた。そして缶ビールを一気に飲み干すとごろりと横になったのだった。


ず、ずずず、ず、ずずず。

音はどんどん近付いてくる。片足を引きずるようなその癖まで手に取るように分かる。

ふと、アルコールで気の大きくなっていた谷村さんの頭にある考えが浮かんだ。

――ここで急に大声を出して振り返ると、どうなるのだろう。

谷村さんは幽霊を見たことがなかった。初めての体験を果たすいい機会である。

幽霊にしてみても、まさか人間が驚かせてくるとは思っていないだろう。これはとんだ見ものになるに違いない。

にじり寄る気配を背中で受けて、逸る心を抑えながら必死で距離を測った。


ざざっ……がさがさがさ!

不意に、視界の隅を白いものが飛んだ。

その正体に思いを巡らせた谷村さんは、あっと息を呑んだ。

弁当ガラを入れて卓上に置いていた、ビニル袋である。

それはあたかも、〈こんな所に邪魔な物を置くな〉と払いのけたかのようであった。

この期に及んで、谷村さんは自分の頭がすっと冷めていくのを感じた。

何故、おじいちゃんが出てきたと思ったのか。何故、驚かすことができるなどと思ったのだろうか。何故、それがこちらに対して悪意を持つ心配はないと思ったのだろうか。

鉄筋でも差し込まれたかのように、身体が強張って動かない。

石膏を流し込んだかのように胸郭が膨らまず、肺に空気を送り込むことができない。

ふつふつと湧き出した汗が、体表を伝っていくのを感じる。

次第に早くなっていく鼓動が、身体の奥底で共鳴しているのが分かる。


ひた。

いる。今、自分の背後にぴったりと着くように、いる。

振り向けば、嫌でも目に入るはずだ。見たくはない。

けれどもこのままじっとしていては、窒息する。

数秒の逡巡さえ、今の谷村さんには命を削る行為であった。

いつまでもこうしてはいられない。意を決して——、

「うあああああああああああああああああ！」

大声で気合いを入れて跳ね起きた谷村さんの眼前には、

……バラエティ番組が空虚な笑いを放つばかりであった。

週が明けて。谷村さんは人の伝手を必死で頼り、僧侶を呼んでお祓いをしてもらった。

簡単な仏事を終えてひと息ついた頃、僧侶がぽそりと言った。

「なるほど、ここはあなたが仰ったお爺さん以外にも沢山いる訳ですよ」

えっ、と驚く谷村さんを見て、部下の一人が呆れ顔で言った。

「社長、気付いてなかったんですか。俺ら、散々見てましたよ。だから……だから週末もここで過ごすのが怖くて、俺ら自宅に帰ったんす」

犬だけがいない家

今では有名になった事故物件、それに関する話を探して色々な方面にコンタクトを取ったが、実際はなかなか簡単には出てこない。

それでも、知り合いの奥村さんという人が「人ではなくて、やたらと犬が沢山死んでいる家なら知っている」との情報を教えてくれた。

奥村さんは多忙で、直接取材はできなかったがメールで概要を教えてくれた。

その家は奥村さんの家の隣にあり、彼は約二十年間、その家を観察し続けている。

以下、メールの内容に基づいて再現したものである。


奥村さんの家の隣には、広い芝生の庭を持つ、ちょっとした豪邸が建っていた。

豪邸には老夫婦が住んでおり、大小何匹もの犬を飼っていた。

奥村さんの家の二階から、よく庭で犬達が遊んでいるのが見えたという。

しかしある日突然、夫婦の妻のほうが犬達を全て毒殺、ちょっとした騒ぎになった後、夫婦は豪邸を捨てて何処かに去っていく。

犬達を毒殺した理由は不明。


その一年後、比較的若い家族が二匹のゴールデンレトリバーとともに豪邸に越してきた。

新しい家族が、以前ここであった犬毒殺事件を知っているかどうかは分からない。

二匹のレトリバーと、双子の女の子が庭で遊んでいるのを奥村さんはよく見かけた。

だが、家族が越してきて半年くらいたったある日、どうやって上ったのかは不明だが、屋根の上で二匹のレトリバーが並んで死んでいた。

死因は不明で、何故か二匹とも毛が大量に抜け落ち、周りに散らばっていたという。

それから一年ほどが経ち、今度はその家族の元にフレンチブルドッグ二匹がやってきた。

再び、豪邸の庭には双子の歓声が戻ってくる。

だがそれも長くは続かず、ある日ブルドッグ達は庭に穴を掘って、二匹とも頭を突っ込んだまま死んでいた。

その暫く後、一家は豪邸から去っていった。

そこから数カ月後、高級外車を所有する如何にも裕福そうな中年夫婦が越してくる。

彼らも賢そうなドーベルマンを飼っていた。

そして豪邸から去っていくのも早かった。

住み始めてから一カ月ほどして、知り合いかどうかは不明だが、家に来た子供にいつもは従順だったドーベルマンが襲いかかり、大ケガをさせてしまったのだ。

夫婦は逃げるように豪邸を去っていく。

これは噂だが、怪我をさせたドーベルマンは夫婦によって薬殺されたという。


奥村さんによると、それから二十年間、豪邸には何組もの家族が越してきた。

不思議なことに越してくる家族は必ず犬を飼っている。

そして、豪邸の敷地内で犬達の殆どが変死している。

仲の良かった兄弟犬が突然、殺し合いの喧嘩を始める。

縄跳びが身体に複雑に絡みついたまま絶命している。

毒性のある植物を大量に食べた後、吐き散らしながら悶絶死する。

いずれも死ぬのは犬ばかり。

越してくる人々は、そのことを知らないのか？

知っていたとしても、引き寄せられる何かがあるのか？

それは奥村さんにも分からない。

現在、豪邸は空き家だそうだ。

しかし奥村さんが夜間、自宅のベランダから豪邸の庭を見ると、暗い中、たまに人が歩いていることがあるという。

トボトボと頼りない足取りで歩くその人物、二十年前に最初の豪邸に住んでいた老夫婦の妻に似ているらしい。

トボトボと歩いては消え、また現れてトボトボと歩いては消える。

そういった行動を繰り返し、いつの間にか現れなくなる。

スマホで写真を撮ろうとしたこともあるらしいが、妻らしき人物だけが映らない。

そして最近、豪邸の取り壊しが決まったらしい。

競売物件

「高津(たか)っちゃん、頼まれてくれない？」

唐突に掛かってきた電話の主は、同級生のアキちゃんだった。

アキちゃんは、高津さんのよき理解者である。言うなれば、「分からないけど分かってくれる人」「視えないけど〈視えるということ〉を否定することなく理解してくれる人」である。

所謂〈視える人〉というのには、色々ある。幽霊が見える人、触り触られできる人、霊と会話ができる人、どうにかこうにか除霊めいたことができる能力者、などなど。

そして、こうした能力者の多くは、その有様を他者からは理解され難い。そもそも信用されず、分かってもらえたら今度は気味悪がられる。故に、高らかに明かしても特にいいことがないので、〈視える〉ということはひた隠して黙っておくのが常なのだが、アキちゃんは視えるが故に苦労の絶えない高津さんと間近で付き合ってくれてきた。友人として実に有り難い。

「頼まれてくれない？」

以前にも、アキちゃんからこういう頼まれ方をしたことがあった。そのときは、「家を建てることになったから、土地の下見に付き合ってくれない？」というもの。

安くない買い物だから、下手な因果があっては大変。それは分かる。

「だから、呪われたり祟られたりしていないかどうか、視てくれない？」

と、新居候補地の〈問題〉の有無を確かめるため連れ歩かれた。

で、今回、である。

「アキちゃん、もしかしてまた物件？」

「そうなのよー。お父さんが競売物件狙ってるのね。だから、ちょっと視てくれない？」

高津さんの能力に一切疑いを持たない理解者は、気軽にオーダーをぶっ込んできた。

「えー。やだよ。それで何か見えたら怖いじゃん！　私、視えるだけで何かあっても何もできないしさ」

高津さんは、これまでにも首都高を爆走する牛だの、天狗だの、ペットの幽体離脱だのを目撃してきた。謂わば筋金入りの〈視える系能力者〉である。母方の血筋がそうであるらしい。が、目撃者よろしく視えるというだけで、それ以上のことはできない。

古馴染みのアキちゃんはそこのところは承知の上だった。

「いいのいいの。その視えるってのが重要なんだからさ。一応、話を聞くだけ聞いてみてよ。それで感じたことがあったら教えて」

「聞くだけだからね？」

アキちゃんの説明によると、お父さんが狙っている競売物件は駅近の商業ビルであるらしい。とはいえ、最寄り駅の駅裏に建つ、こぢんまりした細長い三階建てのビル。一つのフロアに一つのテナントが収まる程度の小さな雑居ビルである。

最上階はオーナーの住居だった。

二階はスナックにテナントを貸している。

一階は居酒屋。オーナーが大将を務める人気店である。食事が美味しいと評判だった。

ビルは外階段があって、それぞれ各階に外から出入りする造り。

「あー……あそこか。あの辺人通りも多くて結構いい立地のところじゃん」

「そうなんだよね。で、どう？」

どう——と促されたその瞬間、高津さんの目の前で水風船が弾け飛んだように、視界が割れた。

そして、映像(ヴィジョン)が流れ込んできた。

カウンターに人々が肩を並べる。

グラスを傾ける酔客は、皆笑顔である。

客入りはよく、喧噪が心地よい。

大きな魚を手際よく捌く大将の手並み。

穂紫蘇(ほじそ)と大葉の上に、きりりと締まった赤身と白身を盛り込んだ美しいお造りが並ぶ。

煮込みや焼き物の香りが堪らない。

そんな賑わいが過ぎ、暖簾(のれん)を下げて客の捌けた空っぽの暗い店内。

大将は自らの胸を押さえ、明日の仕込みをすべき厨房に大将が蹲(うずくま)っている。

店の片付けを終え、苦しげに眉根を寄せてその場に頽(くずお)れる。

大将の視界を何かが過ぎる。

小振りの動物のようにも見えるが、判別は付かない。

大将がそれを酷く嫌っていることは分かる。

大将はそれらを憎々しげに睨み付け、しかし力尽きていく。

暗転――。

ここまで、ほんの数秒ほどであったが、他人の走馬灯を無理矢理見せつけられたかのような情報の奔流が確かにあった。

「……でね、一階の居酒屋は改装して、私がお店やろうと思ってんだよね。お店できたら高津っちゃんも来てね」

「えっ、うん。……どんな店やるつもり？」

「猫カフェ」

猛烈な赤信号が脳内に灯った。

「待って。アキちゃん、猫カフェはまずい。それはやめとこ」

「何でよ」

「その競売物件のオーナーさん……いや、元オーナーさんか。その人、一階の自分のお店で亡くなってるんだよね？」

「そうそう。それで競売に出て……高津っちゃん、何か視えた？」

察し。

「うん。飲食店はやっても大丈夫。むしろ、元オーナーさんが応援してくれる。自分でお店やってたくらいだから。でも、動物は駄目。っていうか、元オーナーさん、動物嫌いっぽい。自分の城だった場所、しかも飲食店だった場所に動物を入れるとか、我慢ならないっぽい」

拘りとか執着とか未練とか、そういったものを残して人生の幕を引かざるを得なかった。ましてて、ビルまで建てて一国一城の主として営んでいた店を手放して——となれば、やはり相応の強い執着が残るものらしい。

交渉やら説得やらが通じるのかどうかも分からない。何しろ、高津さんはあくまで〈視える〉に過ぎないからである。

「とにかくね、猫カフェはやめな？」

「そっか。高津っちゃんがそう言うならやめとく」

アキちゃんは、当初の計画をサッと手放した。

短くない付き合いであるので、高津さんの視たものについて絶大な信頼を寄せている。

「それがいいよ」

「うちのお父さん、あのビル買うつもりっぽいんだよね。相場より大分安いから」

「うーん、飲食店にするなら問題ないし、アキちゃんやお父さんがお店やるんじゃなくて、テナントとして人に貸すならもっと問題ないと思うよ。とにかく動物絡みだけ避ければ大丈夫だから」

「了解！　またよろしくね！」

後日、アキちゃんのお父さんは件の雑居ビルを買い、一階テナントには飲食店を入れた。

元オーナーのお眼鏡に適ったのか、店は繁盛していると聞く。

件の物件

「猫や蛇の恨みも怖いが、実は怖いのは……」

拝み屋の小母さんが、言った。


平成になって間もない頃の話である。

仙台にある鈴木さんの実家は、半世紀近く理容室を経営していた。

当時の店舗は、木造の借家の一階。ところが、老朽化したその建物を取り壊すという話になった。退去して、店を移転させねばならない。

不動産業者に声を掛けると、幸いにしてすぐに代わりの物件が見つかった。

築浅で、広さも設備も申し分ない。

何より現在地と同じ町内であり、なおかつ今度はバス通り沿いだというのが良かった。常連客にも、新規顧客の開拓にもこれほど良い物件はない。

「すぐにでも御入居いただけますし、簡単な設備工事でしたらこちらで負担します」

不動産業者も大家も、揉み手の大歓迎である。長年の信用の賜物（たまもの）であった。

けれども、鈴木さんの両親には、どうしても気になることがあった。

この物件に入居した店は、片っ端から潰れていくのである。

移転してきた店、新規開業した店を問わない。半年も保てば御の字、大抵は三カ月以内に潰れていた。二回目に通りかかったときには店がなくなっていることもあった。

同じ轍は踏みたくない鈴木さんの両親は、伝手を頼って「拝み屋」と呼ばれる人に見てもらうことにした。物件の資料を持参し、原因とその解決策を問うたのだ。

「何でもズバズバ言い当てる」と評判のその人は、予想に反して何の変哲もない普通の小母さんであった。しかも言い当てるどころか、小首を傾げて何やら悩んでいる。

理由を訊けば、先刻からある動物の影がチラついて困るのだという。この大家は動物を扱う仕事をしているのではないか、と。

その動物の名を聞いて、鈴木さんの両親は苦笑してしまった。

同じ町内がゆえこの大家のことは昔から知っているが、大家業しか営んでいないのだ。

相変わらず小母さんは動物が、動物がと繰り返している。それをはっきりさせない限りは解決できないのだ、と主張して譲らない。

半信半疑、どころかこれは十中八九偽物だろうと鈴木さんの両親は思った。

しかし、心の何処かに引っかかる。人を使って調べてみると、思わぬ事実が判明した。

大家本人ではないが、ごく近しい親族が食肉加工業を経営していたのだ。

しかも無許可で屠畜場も持っていて、随分杜撰（ずさん）な管理だと悪評が立っていたという。

なるほど、そういうことでしたか、と小母さんは言った。無許可というだけではなく、供養も満足にしていないのだろう、と。

「何故って、この物件を見ようとすると牛の頭が幾つも出てきてね。私を囲んでつつくのよ。一抱えもあるような、真っ黒い顔でね。目を吊り上げて、鼻を膨らませて。普段我慢強い分、一度怒りに触れると手が付けられなくなるの。猫や蛇の恨みも怖いけど、本当に怖いのは実は牛なの」

そう、小母さんは語った。

ちなみに件の物件は、念入りにお祓いをしてから入居したという。

御主人が高齢で引退するまで、大層繁盛したそうだ。

実家を建てたときに、変なことがあったらしいんですよと、俊雄は嫌そうな顔を見せた。彼の実家は今年で築五十年になるらしい。

事業所を兼ねた二階建てのコンクリート造のモダン建築だという。しかも、地下室があり、そこには母親の遺品のグランドピアノが置かれている。

「まぁ、お袋も早死にしてしまって、実家には親父が独りで住んでるんですが、もう歳だし、じきに施設に入ることになると思うんですよ。そうしたら長男の俺があの家を引き継ぐことになる訳でね――」

俊雄はそこで一度言葉を切った。アイスコーヒーのストローを前歯で噛み潰しながら、実際のところ、俺はちょっとでも気持ち悪いのは嫌なんですけどねと続けた。

父親の郁雄がその土地を手に入れたときから、相場より大分安いのは気になっていた。そこで親戚の伝手を辿って、土地を見てくれる人物に鑑定をお願いすることにした。日取りを決めて、その人物とは駅前の喫茶店で待ち合わせた。

やってきた男性は、郁雄が考えていた風体とはだいぶ違っていた。

黒いスーツにサングラス姿の若者で、ぼさぼさな髪を肩よりも長く伸ばしている。

当時は学生運動も全盛期だった。それっぽい服装に着替えさせ、肩からギターでもぶら下げれば、大学で何年か留年している活動家のようにも見えた。

一方で不思議な貫禄もあり、アウトローな仕事でもしているのかと勘繰ったという。

ただ郁雄さんは、一目でこの人を信頼してみようと思った。

お互いに挨拶を交わした後で、タクシーに乗り込んで現場に足を運ぶ。

土地は三方を軽量ブロックを積んだ壁で囲われており、もう一方が六メートル幅の道路に向けて口を開けている長方形。平坦に均された土には、人の背ほどもある黄色い花を付けた雑草が風に揺れていた。

占い師は先にタクシーを降りると、その土地の入り口で何かを睨み付けていた。

料金を支払って降りてきた郁雄に向かって、占い師は感嘆したような口振りで言った。

「ここはすごいですね。でも普通にしてたら見逃してしまう」

言われた郁雄は、何がすごいのかまるで分からない。

「すごいんですか」

ぽかんとした顔でそう答えると、占い師は頷いた。

「この土地は、土を総入れ替えしないといけないですね。結構お金も掛かると思います」

そんなことを言われても、はいそうですかと簡単に従う訳にはいかない。

「総入れ替えって――」

占い師は、そうですよね、信じられませんよねと笑った後で、説明を始めた。

「この土地の三方を壁が囲っているじゃないですか」

それは見れば分かる。肩ほどまでの高さに積まれた軽量ブロックが三方に立っている。

「郁雄さん、あの壁、どのくらいの深さまで続いていると思いますか」

不意にそう問われて、郁雄は眉間に皺を寄せた。建築に関しては全くの門外漢だ。一体壁というものは、どの程度土に埋めるものなのだろう。地震対策として、基礎部分を何段分か埋めるのだろうか。

「これくらい――ですか」

肩幅ほど手を広げると、占い師は、なかなかいいですねと頷いた。

「基礎の深さは四十センチもあればいいんですよ。見たところ、壁の高さが一メートル半もないですからね――」

でもね、郁雄さん。

あの壁の足元の土を掘ってみれば分かりますけど、壁の高さの倍以上埋まってますよ。

占い師はそう言うと、今日はここまでです。タクシー待ってもらったほうが良かったかもしれませんねと、やけに魅力的な笑顔を見せた。

そんなことってあるのだろうか。土の中のことが一瞥（いちべつ）しただけで分かるのだろうか。

これには何かトリックがあるのではないか。

事前に土地の情報を集めて、引っかけようとしているのか。

だが、そこまで考えたところで郁雄は混乱した。そんなことをしたところで、全く彼の得にはならないと気付いたからだ。

「いや、疑うのは分かります。俺だって、こんなことといきなり言われたら嘘だって思いますよ。でも掘ってみれば分かります。嘘じゃないですよ。そう見えたんでそう言ったまでです。だから、この土地はちゃんとおかしいんです」

占い師は、地下から井戸が出るまで全部土を剥ぎ取れと告げて帰った。また井戸が出たら呼んでくれとのことだった。

礼金として、封筒に札束を用意していたが、彼は足代だけで良いと、二万円だけ受け取って帰った。

知り合いの工務店に工事を頼んだ。

実際に重機を入れる前に、売買を仲介した不動産屋に連絡を入れて、壁について訊ねた。

すると、壁はずっと以前の売り主が建てたものらしく、土地の境界の内側だから、何をどうしても良いという。ただ古い話で、壁を建てた理由は分からないらしい。

壁の基礎が三、四メートルもの深さがあるようだと告げると、不動産屋はそんな話は聞いたこともないと、へらへらと笑った。

売り主に連絡が取れるかと訊ねたが、それは無理とのことだった。

重機を入れて、土を剥ぎ取っていく。

最初は黒い土だったが、一メートルと掘り進める前に、粘土質の赤土に変わった。更に掘り進めると、見たこともないような赤いまだら模様の土になった。やけに肉の腐ったような臭いを放つ土だった。ガスが出ているのか、作業員達が何人も体調を悪くした。

石灰を撒きながら土を捏ねこ回すようにしていくと、悪臭は薄まった。

次の層は砂だった。

砂の層を掘り終えると、一抱えもあるような石の積まれた層が現れた。

そして土地の北寄りに、モルタルで蓋をした円筒形の構造物が現れた。

大人が両手を広げたほどの直径——井戸だ。

予告されていたものが出たので、言われた通りに占い師に連絡を入れた。

「郁雄さん、ちゃんとしてくれたんですね。よかった」

「ええ、約束ですから」

「実は、話を聞いても、実際にはやらない人も結構いるんですよ」

占い師は少し残念そうな顔を見せた。


五メートルといえば、建物二階ほどの深さである。その底へと梯子を使って下りていく。

「やっぱり随分大掛かりな仕掛けです。もっと深くまで壁は続いてますね」

言われて周囲を見ても、擁壁(ようへき)に埋まってしまって壁は見えない。

しかし、占い師には見えているのだろう。

壁はもう地の底から伸びているのではないだろうか。そう想像するとくらくらする。

「道側もちゃんと壁が埋まってたんですね。——実にちゃんとしている」

占い師の言葉は、郁雄にはよく分からなかったが、近日中に神主を呼んで、井戸を処理する必要があると言われた。

専門的なことは任せきりだ。だが、言われたことは全部やる。そう腹は括っている。

期日を打ち合わせて依頼した神主も、地下に埋められた井戸とは不思議なものだと感嘆したようだったが、特に滞りなくお祓いを済ませてくれた。

「これで終わりです」

「終わりですか――。これから家を建てようと思うんですが、どうしたらいいと思いますか」

「そうですね。折角掘ったのだから、地下室にでもするのがいいかもしれませんね――まぁ、予算との兼ね合いもあるでしょうが」

郁雄は埋め戻すことも想定していたが、確かにそのほうがいいだろう。当初の建築計画から大幅な変更となるが、ここまで来たら乗りかかった船である。

「そんな経緯で、半世紀経った今でも全く問題ないのは有り難いんですが、先日親父に、占い師の言葉を無視して、そのまま家建てたらどうなってたのかって訊ねたんですよ」

俊雄はプラカップから氷を口に流し込み、がりがりと噛んだ。

氷を飲み干して落ち着いたのか、彼は父親の口調を真似るようにして言った。

「全滅してたらしい。半年掛からずに基礎は全部腐って、家族全員肺やられて死んでたはずだ――そう言われたって」

首の家

江藤さんが高校二年生のとき、住んでいたマンションから中古の一軒家に引っ越しをした。

二階建てで部屋数も多かったことから、二階の一室が江藤さんの部屋として与えられた。

前のマンションでは自分の部屋が貰えなかったが、念願の一人部屋を持つことができて彼はとても嬉しかった。

引っ越し作業を終えて眠りに就いた初日の夜、彼は夢を見た。

夢の中で彼は後ろ手に縛り上げられており、ぬかるんだ泥の上に正座させられている。

そのときの彼の心の中は、震えるような悲しみ、悔しさ、押し潰されそうな恐怖で塗り潰されていた。

一体何がそう思わせているのかは全く分からない。

しかし流れてくる涙が頬を伝い、目は霞んでよく見えない。

その状態のまま何かを待つように、縛り上げられたままでどろどろの地面をじっと見つめていた。

突然、背中を誰かに思いきり蹴り飛ばされて地面に倒された。

蹴り飛ばした足はそのまま彼の背中をぐっと踏み、地面に倒された彼の口に泥が入ってくる。口の中にじゃりじゃりした感触と嫌な匂いが満ちてくる。

うっと思ったそのとき、首の後ろが火を点けたように熱くなった。喉に熱い液体が溢れてきて口の中に流れ込んでくる。

生臭い、鉄の匂い。喉の奥から口に血が溢れてくる。

その瞬間に目を覚ました。

夢の中の出来事だったが、彼の身体はまるで現実だったかのように疲労感に包まれ、汗が止まらない。涙も頬を伝って流れている。

すると一階から、音がする。

オオオオオ。

冷蔵庫の作動音のような、巨大な金管楽器のような低い音と、その音とは別の鉄のトレーをぶつけるような音が断続的にガシャ、ガシャと階段を抜けて聞こえてくる。

この音、まだ俺は寝ぼけているのか。そう思った彼はそのまま眠りに就いた。

翌日、また同じ夢を見る。

後ろ手に縛り上げられ、首に燃えるような痛み。

起きると階段下から音が聞こえる。

二日目、三日目と全く同じ夢を見るうちに彼も気付いてくる。

夢の中で、自分は首を切り落とされているのだということに。

彼はこの夢を一週間続けて見ることになる。

その晩も全く同じ夢だった。

夢から覚めるとまた低い音と金属音がする。

しかし、このときは階段をそのまま上ってくる。

いつもと違う。

音はそのまま自分の部屋の前を通り過ぎて、廊下の奥へ進んでいき、父の書斎へと入っていった。

音の正体を確認できずにいると、階段から再び物音が聞こえてくる。

階段の板を踏みしめる音だ。まるで忍び足のように、徐々に、ゆっくりと階段を上ってくる。

誰だ？

足音は、彼の部屋の前でぴたっと止まる。

するとドアノブがゆっくりと回っていく。

誰かが入ってくる。身構えた彼の前に、ドアを開けて覗いてきた顔は両親だった。

ほっと安心した彼だったが、両親の顔は青ざめていた。

「お前、起きていたのか。変な音聞かなかったか」

両親によると、彼らも毎日妙な音を聞いていたという。

江藤さんも両親もお互いに音について話をしなかったために、どちらもお互い聞いていたことを知らなかったのだ。

両親は一階で音が聞こえていたが、今日の音はいつもと違って余りに大きくはっきりと聞こえたので、もしや泥棒かと思って二階まで来たのだという。

江藤さんは、音が書斎へ向かったことを伝え、三人で書斎を見に行くことにした。

書斎の中を確認したが中には誰もいない。

しかし、一点だけ見慣れないものがある。

父の机の上に、刃渡り二十五センチを超える錆だらけの古い鋏(はさみ)が乗っていた。

鋏はまるでたった今土の中から掘り出してきたかのように、泥まみれになっていて書斎の灯りをぬらぬらと反射させている。鋏はこの家に元々あるものではない。

彼は鋏を見て、夢のことを考えるとこの家で何かあったのではと思い、両親に夢の話を伝えた。

父も母も真剣に聞いていたが、母親は酷く怖がった。

父は母の様子を見て、後日親戚や知り合いを頼り、霊能力者に家を見てもらおうと言い出した。しかし江藤さんは霊能力など信じていなかったため、霊能者には体調が悪いとしか伝えないほうが良い、詳しい話をすると話を適当にでっち上げられるよと言った。

家族も異論なく、霊能力者には体調が悪いとだけ伝えて家に来てもらうように依頼することにした。


後日、四十代くらいの霊能力者と名乗る女性が家を訪ねてきた。

訪ねてきたものの庭にも入らず、じっと敷地の一点を見つめて唸っている。

暫く唸っていた彼女がやっと口を開いた。

「あなた達、ここにきてどのくらい？　本当に体調が悪いだけなんですか？」

彼女の言葉には、私に言わないだけでそれ以上の何かがあるだろう、と込められているのが伝わってくる。

「とりあえず、家の中も見てもらっていいですか」

そう申し向けて玄関を開けて促したところ、彼女は玄関ドアから顔を入れて一瞬覗き込むとすぐに身を引いた。

「ごめんなさい、これ以上中を見るのも嫌です。庭も本当に嫌です。敷地の外で話しましょう」

そう言って逃げるように敷地を出ていった。

彼女は肩を抱いて、家の前の道路の上から全く動こうとしない。

「何でこんな状況になっているか全く分かりません。とにかく訳が分からない。私にはこの状況を変えることは絶対にできません。早く引っ越してください」

とにかく、この家は訳が分からないと彼女は繰り返す。

このまま住んでいたら誰か自殺するかみんな頭がおかしくなりますよ、と青ざめた顔で彼女は言う。

「一体、何が見えているんですか」

「あなたの家の庭一面、家の床一面に、とんでもない数の人の首が転がっているよ」

そうぽつっと言う。

「その首がね、今なお切り落とし続けられて、どんどんどんどん増えて敷地を埋め尽くしている。今もよ」

身じろぎする父に、最後に霊能力者は言った。

「とにかく訳が分からないのは、その首、みんな全く同じ顔をしているのよ」

江藤さん親子はそのまま引っ越しを決意した。

遺された人の話

事故物件サイトに書かれた死因は間違っているんです――。

丁度子供が掴まり立ちを始めた頃に、マンションを買いました。でもそれから半年ほどで、主人が会社を懲戒解雇となり、そこから色々ごたごたして、次の年に彼は何も言わずに家出をしてしまいました。

私はそのとき、水商売をしていたのですが、夜に保育施設に子供を預けると、稼ぎが雀の涙になって生活ができません。ですから、迷った末に、とりあえず実家に帰りました。

その頃は主人とは全く連絡が取れませんでした。

何度かマンションを見に行きましたが、どうやら帰ってはいる様子でした。安心しましたが、会うことはできませんでした。幸いなことに何度か電話で話すことはできました。

ある日は、子供を保育園に入れるためにも、離婚を考えており、会えたらその話をしようと考えながら、マンションに行きました。

たまたまパソコンを見てみると、「練炭」「自殺」と検索履歴が残っていました。そのときはまさかと思いましたが、心を病んでいるのかなと心配したくらいです。

それから半年ほど経ったとき、妹の旦那が練炭自殺で亡くなりました。女性問題でした。

葬儀があるから来てと主人に電話しましたが、結局顔は出してくれませんでした。

そこからふた月ほどでしょうか。夜寝ていると、布団の縁を誰かが歩く感触がありました。

虫の知らせというのでしょうか。嫌な予感がしたので、次の日義父に連絡して、マンションを見に行ってほしいとお願いしました。私の実家からは新幹線を使わないと行けない距離でしたので。

ただ義父も仕事があるので、週末に見に行くとのことでした。


週末に義父から電話がありました。

主人が亡くなっていたので、今警察にいるとのことでした。

次の日、私も警察に足を運びました。でも私は遺体とは面会することができませんでした。奥さんはダメだよと警察に止められて、義父が本人確認をしてくれました。

死因は風呂場で炭を燃やしたことによる一酸化炭素中毒でした。

その夜、義父と食事にいったときに、頭の中に声が響きました。

本気じゃなかった、止めようと思ったときには動けなかった、と。

私にはどうしたらいいか分からず、母に電話しました。

「パパが呼んでいるの。どうしよう」

そう言って泣きました。母は後を追ってはいけない。あなたには子供がいるでしょうと言いました。

次の日、義父とマンションに行きました。主人が亡くなっていた風呂場や、家の中を色々確認していると、ベランダに白い足が見え、次の瞬間、さっとカーテンの陰に隠れました。きっと怒られるのが怖かったのでしょう。主人は恐妻家だったので。

堪らず声を掛けました。

「パパ、一緒に帰るんだよ」

彼が一人でマンションに居続けるのは可哀想だと思ったからです。

それ以降は主人の影も見ていませんし、声も聞いていません。

ただ妹は霊感があるのですが、主人が懸命に謝っているのが聞こえると言っていました。

私の話はそこまでです。お聞きくださり、ありがとうございました――。

テナント募集中

菜子さんは見える人だ。その能力を信頼している人は多い。その関係で、彼女の元には色々な霊的なトラブルについての相談も寄せられる。

平成最後の年の八月。熔けるような暑い日に、不動産管理の仕事をしている倉橋という友人から連絡があった。新しく管理することになった物件で困っていることがあるので、一度一緒に確認してほしいとの相談だった。

土地絡みで寄せられる相談は、事故物件に関してが殆どだ。今回も同様だろう。まずは現場を見なくては始まらない。幸いオフィスからは一時間と掛からないので、善は急げと予定を合わせて同行することにした。

現地は都内でもトップランクに人気のある街の一角にあった。外見はごく普通の雑居ビルだ。その一階の店舗が問題の物件なのだと説明を受けた。

ビルの一階には、もう一軒テナントとして飲食店が入っており、ランチタイムということもあって、客でごった返していた。

それを横目にシャッターを開ける。凝った細工の施された鉄の扉が現れた。

扉を開けると、周囲は鳥肌が立つ程の冷気に包まれた。大型冷凍庫を開けたかのようだ。真夏の真昼間。外気温三十五度を越える猛暑日である。壁には色ガラスが嵌められており、眩しいほどの日差しも差し込んで、床に色とりどりの影を作っている。思えば、あれほど賑わっていた外の音も、店内に全く届いていない。

この異常なまでの冷気と静けさは何だろう。

だが、警戒する菜子さんを置いて、倉橋はずかずかと奥へと入っていく。昼間とはいえ、店の奥までは陽の光は届かない。仄暗い中で、友人は手慣れた様子でブレーカースイッチを上げた。

単に気付いていないのか、特に気にしない様子が不思議に思えた。

彼がライトのスイッチを点けると、凝ったペンダントライトが点灯した。ステンドグラスのようなランプは、恐らく中東辺りのものだろう。

「ここが問題の物件。菜子ちゃん、何か感じる？　内装とかも凝ってて悪くないし、厨房もスゲーいいし、遊ばせておくのは勿体ないんだよなぁ」

確かにここなら、駅からも近いし、いい賃料で貸し出すことができるはずだ。それが一銭も生まないどころか、光熱費の基本料金を垂れ流している状態なのだ。

——倉橋は、私ならあっという間に解決できるって信じてるんだろうけど、ここの空気はちょっと重すぎる。

先刻から、じっと見つめられている感覚が抜けない。歓迎されていないのが分かる。だが、そんなことは言い出せない。見えない気付かない感じない人には、自分の肌感覚を伝わってくる剣呑さは理解してもらえないからだ。

菜子さんも一歩一歩確かめるようにしながら、奥へと歩を進めた。

入り口を潜ると、右手にカウンター。その奥は厨房。反対側にはカウンターテーブルのセットが三席分。この空間がメインなのだろうが、それにしてもやけに不安定な印象だ。

「この店、変な間取りでさ、壁が平行じゃないんだよ。五角形？　変な形してるでしょ。あと天井にも拘ってて、わざわざ場所によって高さを変えてるんだとさ」

それで視覚が騙されるのか。アルコールも入っていないのに、視界が揺らぐ。

店の奥には通路が伸び、右手にはゆったりとしたソファの置かれたボックス席が三つ。ここも壁が弧を描いており、しかも垂直ではないようだ。

この店を設計した人物は、何を考えてこんな作りにしたのだろう。それともオーナーがわざわざそう指示を出したのだろうか。

通路を最奥まで進むと、ドアを挟んで従業員用の部屋と、ストック用の業務用冷蔵庫と冷凍庫が置かれている。

振り返って店内の全貌を確認しても、どこもかしこも壁が平行ではない。変形で、不思議な間取りだ。経験からいえば、こういう間取りからは余りよくない臭いがする。

「菜子ちゃん、何か見て分かったことある？　困っているのは、もう何年もテナントが入ってないってことなんだけどさ、管理会社も転々としてるんだわ。で、回り回って俺のところに来たって訳。菜子ちゃんがいるから引き受けたけど、それじゃなかったら、俺も引き受けないよ」

頼りにしてるよと勝手なことを言って笑う倉橋を睨み付ける。

「それだけじゃないでしょ」

管理会社が何度も変わるということは、それぞれの社内で物件を手放したくなるような何かが起きたということだ。例えば、担当者がおかしくなってしまったとか。

「ああ。うちの担当もおかしくなっちまったんだ。もう半月以上仕事に出てきていない」

案の定、厄介な物件だ。

最奥のドアを開けて従業員用の部屋に入る。

乱雑に積み重ねられた洋服と靴箱。そして何故かこの店に似つかわしいとは思えない手作りの人形。その人形を見た瞬間に、全身の体毛が逆立った。

五〇〇ミリリットルのペットボトルより一回り大きいサイズ。明るめの茶色い髪を三つ編みにしたおさげ髪。薄いピンクのシャツに水色の吊りスカート。顔は特に可愛らしいとはいえない。随分と古いものに思えるが、誰が持ち込んだのだろう。

先程から感じている、誰かがこちらを睨めつけるような気配が濃くなっている。

この人形のせいだ。

試しに室内を動き回ると、人形は左右に身体を傾けながらこちらを見つめてくる。

視線を避けるために急いで隣のボックス席のほうへ移動する。すると今度は壁を伝わるように、ひそひそと囁くような声が聞こえ始めた。

「これ聞こえる？」

小声で倉橋に訊ねるが、彼は首を振るばかりだった。

三席ある真ん中のボックス席に座り、暫く耳を傾けていると、次第に何を言っているのかを聞き取れるようになった。

「奥様の場所に立ち入ることは許されない」

「奥様の場所に立ち入ることは許されない」

感情のない声が、ずっとそう繰り返している。

「倉橋さ、ここのオーナーさん、亡くなってるんだよね。何か奥の部屋にあった人形が、奥様って言ってるんだけど、一体誰のことだか分かる？」

「ああ。俺もよく知らないんだけど、この店の前のオーナーは四十歳くらいの女の人でさ。オープンの直前に、この店で首を括ったらしいんだ」

案の定、事故物件だ。

「亡くなった理由は聞いてない？」

倉橋は首を振った。

「死ぬ理由がなかったらしいんだよ。今でも関係者全員が、自殺はあり得ないと言ってるんだよ。ここは前のオーナーのお父さんの名義になってるんだけど、奥様ってのは、その亡くなったオーナーのことかな」

「その人、旦那さんは？　結婚してなかったの？」

「独身だったらしい」

すると、この人形にオーナーさんの思いが残っているのだろうか。

亡くなった彼女が、子供の頃から大切にしていた人形に魂が宿ったということか。

人形が繰り返す「奥様の場所」とは、この店のことだろう。

良くも悪くも、あの人形が店の守り神のようになっているということか。

ただ、先刻からイメージされる女性は、四十代よりも更に上。老齢に思えた。

「そういや引き継ぎのときに聞いたんだけど、この人形、何度も人形供養に出してるって話なんだよ」

　倉橋は困った顔を見せた。

「でも、いつの間にか戻ってくるらしい。そんな馬鹿げたことがあるかと言ったんだけど、そんなことってあるの？」

　菜子さんは倉橋の質問には答えずに、空間に向かって話し掛けた。

「これから私が話すことが正しければ、何かサインを下さい」

　彼女は、人形が大切にされていたこと、この店を守るようにお願いされたこと、人形自身も、できれば誰にも入ってきてほしくないと思っていることなどを挙げた。

　言葉を終えると、菜子さんが腕に着けている水晶が音を立てて弾け飛んだ。

　それを見ていた倉橋が、わぁと間抜けな声を上げた。

　意思表示があるということは、指摘した内容が正しいということだろう。

　人形は、気に入らない人が内見で立ち入る毎に妨害を繰り返しているのだ。

　菜子さんは頭を振って、倉橋に状況を説明した。

「そんな馬鹿げた話をお客様に説明する訳にもいかんよなぁ」

「ここにいる見えない人と仲良く同居できそうな借り主さんを探すしかないと思うよ」

「――菜子ちゃんさ、ここ借りない？　安くしておくからさ」

ちらりと人形に視線を向けて、倉橋はそう言った。

倉橋は、最初からそういう魂胆だったのかもしれない。だが無理だ。人形に歓迎されているとは思えない。少しでも内装をいじるようなことをすると、排除されるだろう。

そう言って断ると、それでも今までで一番空気がいいんだよと食い下がった。

厄介な物件を押し付けられる前に退散しなくては。

菜子さんは、最後に心に引っかかっていることを人形に訊ねた。

「お人形さん、あなたの御主人は、どうしてここで亡くならないといけなかったの？」

だが、人形から返事はなかった。

何度訊ねても、オーナーの女性が死を選んだ理由は分からなかった。


あれから何度目かの夏が巡った。

例の物件は今も倉橋の会社で扱われている。結局、他の社員は誰も扱いたがらないため、倉橋が専任で担当している。契約寸前の所まで行っても、必ず話が流れてしまうらしい。

だから今でもずっと「テナント募集中」だ。

あの家のこと

ひっそりとした喫茶店の一番奥のボックス席で、佑子さんは静かに切り出した。

――あの家へ引っ越したのは、私が中学校に入った年のことでした。

家へは、ＪＲ線の駅からバスで十五分ほど揺られなければなりません。

用水に沿って短冊状に切り拓かれた土地にびっしりと建売住宅が並んでいる中、地主が長年に亘って所有していたこの区画だけは庭木の緑も濃く、鎮守の森のようでした。周囲の家の何軒分もある広い敷地の周りを立派な生け垣がぐるりと囲んで、視野一杯に広がる瓦屋根は社会科の資料集で見た古墳を思わせました。

相当の築年数が経っていたからとはいえ、そんな「豪邸」を破格で手に入れた父は意気揚々、前に住んだアパートでは溜め息をつきながら家事をしていた母は鼻歌交じり、新たに家族に加わった猫は濡れ縁をとてとてと走り回りました。

私にも漸く自分の部屋が与えられて、畳敷きに襖の、お世辞にもおしゃれと言える部屋ではありませんでしたが、しかしあの蒼い香りに包まれて眠るのは気持ちの良いものでした。

けれども、どうにも気になることが一つだけあったのです。

この家には、二階があるのです。私達の知らない二階が。

引っ越し前には平屋だと聞いていましたし、図面を見ながらどの部屋を使うか話し合った際も、そして実際に荷物を運び込んだ家族の部屋もみんな一階にあります。

けれども、外から見るとちゃんと二階があるのです。木枠に嵌められたガラスの向こうにはカーテンがなく、がらんと薄暗い空間が広がっているのが見えるのです。

それだけではありません。

物音がするのです。誰もいるはずのない、けれども確かに存在する空間から。

食器の触れ合うような硬い音が。とっとっとっ、と歩き回るような音が。そして時折、何か重たい引き戸を開閉するようなごごごという音が。

私はその音を耳にする度、虫かごのような電気の傘のその先の、木目の浮かんだ天井板の裏側で、何が起こっているのか気になって仕方がないのです。そして猫のミィは、そそくさと掘りごたつの下に逃げ込みます。

ある日私は思い切って、母に訊ねてみました。二階には誰が住んでいるのか、と。

母は能面のような顔で、

「何を寝ぼけたことを。誰も住んでいるはずがないでしょう。そもそもどうやって二階へ上がるというのです。つまらない反抗はやめて勉強しなさい」

と言い放ちました。

言われてみれば確かに、この家には階段がないのです。二階を見つけたあの日から、気になって何度も家の中を探し回ったにも拘わらず、です。

以前の住人はどうやって二階へ上がっていたのでしょうか。上がる術がないなら何故、そこに部屋が存在するのでしょうか。

疑問が膨らむ私の心を揺さぶるように、天井裏からどかどかと荒い物音がします。けれども、母はつんと澄まして、何も聞こえていないかのようです。

仕事から帰ってきた父にも同じように訊ねてみました。二階には本当は誰かいるのではないのか、と。

言い終わらぬうちに乾いた音がして、私の頬が熱くなりました。父が、平手で打ったのです。そんなことをされたのは初めてでしたので、私はその場で棒きれのように突っ立つばかりでした。

「お前まで俺が買った家にけちを付けるのか。気味の悪いことを言うな。この家にいるのは俺と母さんとお前とミィだけだ。他に誰もいる訳がない」

目を三角にして、青筋を立て、唾を飛ばしながら父はまくし立てました。

でも、と私が言いかけたそのとき。

「おおおおおお……！」

私達は揃って天井を見上げました。

あの、重たい扉を引くような音です。けれども今日はいつもよりも大きく、はっきりと聞こえた気がしました。

「おおおおおお……！」

いえ、これは扉を動かす音などではありません。男が、喚いているのです。

腹に力を込め、喉を開いて声張り上げて。

「じゃあこの声は誰のだっていうの」

私は叫びました。

「仕方ないだろう。×××を置いておくのを条件にこの家を安値で買ったんだ」

父も叫びました。


――え、何を置いておくんです？

メモを取る手を止めて、私は佑子さんに訊ねた。
佑子さんは曖昧に笑って、ティーカップを手に取った。
私はアプローチを変えた。
――それから、どうされました？　引っ越したんですか？
「間もなくして、私は親戚に引き取られましたから」
湯気の立たない紅茶に目を落としながら、佑子さんは答えた。

バイバイバイ

「うちで管理している物件にも、幾つかありますけどね。正直なかなか借り手が付かないのもあります。オーナーさんも分かってらっしゃるので、何も言われませんけどね」

神保さんは不動産管理会社を経営している。都心から私鉄で三十分ほどの場所にある駅から、バスで更に三十分行った土地に店舗を構えている。

近隣には複数の大学があるので、そこに通う学生向けのワンルームマンションやアパートといった賃貸物件の管理がメインの仕事だ。

ただ、扱う中には心理的瑕疵物件——所謂「事故物件」と呼ばれるものもある。幸い殺人事件が起きた部屋はないというが、居住者が自死した部屋や、老人が孤独死した部屋は少なくない。最近は後者が増えているという。

たとえリフォームされていても、隠してそのまま貸し出す訳にはいかない。不動産の貸し主や売り主には、瑕疵担保責任というものがあるからだ。

「実は法律ではっきりと決まっている訳でもないんですけど、最近は事故物件って、よく知られるようになっちゃってて、借りる側も色々と調べますからね」

下手なことはできないのだという。

ただ、逆に少しでも賃貸料金を安く済ませたいという希望を持つ客の中には、事故物件を案内してほしいと要望する者もいる。演劇をやっていて、部屋には殆ど帰らない学生からは、むしろ家賃が安いのが有り難いという意見もあるらしい。

「でもね、やっぱり案内しても人が入らない物件ってあるもんでしてね」


彼の会社が扱う、とある戸建ての物件は、かつて借り主が縊死した現場だ。発見が遅れたため、一部を完全にリフォームしなくてはならなかった。

東南角地に建つ二階建ての物件で日当たり良好。四人家族が住むのに十分な広さがある。駐車場も庭もある。駅まではバスを使わないといけないが、三駅利用可で便は悪くない。

実際、事故物件になる前は、入居者が絶えたことがなかった。

ただ、リフォーム以降は一人も入居していない。

事故物件でもいいですよ、安いならどんな物件でもいいですよ、という客が来ると、真っ先に案内を続けていたが、余りにも契約が成立しないので、最近は案内すること自体が減っている。

「先日も御案内したんですよ。萩本さんっていうミュージシャンの方でしたが、荷物置き場として使いたいから広いほうがいいし、都内にマンションがあるから、余りこちらにいるつもりはない。週末に仲間とバーベキューでもできればいいんだっていうから、それならぴったりの物件がありますよってね」

軽自動車に同乗して、その物件に乗りつけた。

鍵は預かりっぱなしになっている。ドアを開けてトートバッグからスリッパを取り出し、内見をしてもらう。

リビング、キッチン、水回り。

萩本さんは最初とても良い物件だと、満足そうな顔を見せた。

今回は契約してもらえるかもしれない。そう期待しながら奥へと案内していく。

階段を上って二階へ。雨戸を開けて、ベランダから庭を見てもらう。

一通り案内して一階に戻ってきたときに、萩本さんが言った。

「ここ、近所の人か誰か入ってくるんですか。庭にも何人か立ってらしたけど——」

その奇妙な質問に、誰も入らないと思いますよと答えた後で、神保さんの脳裏に過去の内見時の記憶が蘇った。

前にも同じことを指摘されたのだ。

「庭に何人か立ってたけど、あの人たちは何ですか」

「今、誰か別の人も内見しているんですか」

「この家にいるのは、私達三人だけですよね」

首筋に汗が滲む。

「あの顔の長い人は何者ですか――」


「――いえ、誰も入ってこないですよ」

そう繰り返して彼のほうに向き直ると、萩本さんは風呂場に通じる脱衣所を指差したまま硬直していた。

「どうされましたか」

「すごく顔の長い男が、脱衣所からこっちを覗いていたんです」

その言葉を聞いて、ああ、今回も駄目だったかと直感した。

「それじゃ、もう出ましょうか」

声を掛けると、萩本さんはそそくさと家を出て、すぐに自動車に乗り込んだ。

「顔の長さが三倍くらいあって、こっちを向いて笑ってたんですよ」

運転席に乗り込んだ神保さんに、萩本さんが繰り返す。

エンジンを掛けて歩道を横切り、車道に出たところでバックミラーを覗く。

人が立っている。

五人。いや、六人。もっとか。

バックミラーの中では、先程内覧していた物件の玄関先に、大勢の人が集まって、こちらに向かって大きく手を振っている。

バイバイ。

バイバイ。

中央で満面の笑顔を見せながら、一際大きく腕を振っているのは、長く引き伸ばされたような顔の男だ。

汗が止まらない。アクセルを踏む。ハンドルを握る手が震える。生きた心地がしない。


店舗からの去り際に、萩本さんがぽつりと漏らした。

「店長さん、あの家って何十人も住んでますよね。何でそんなに沢山亡くなってるって、先に教えてくれなかったんですか」

そう言われても、あの物件では一人しか亡くなっていませんよ。

反論などできない。それが何とももどかしい。そう神保さんは言った。

田沢さん

田沢さんという三十半ばの男性がいた。

彼の職業は不明。

定期的に仕事を変えているという話も聞くが、パチンコ店で朝から見かけることも多いという。

「まぁ、人生一回こっきりなんやし、楽しくやらなアカンしょ」

会話の途中途中で関西弁もどきのような言葉尻が出るのは、二十代に少しだけ関西圏に住んでいた影響だと本人は話す。

「で、安く住むコツでっしゃろ？　全部は話せまへんな。こっちにとっては死活問題やからな」

詳細は語ってはくれないが、不動産会社との駆け引きで格安物件に入居する。

単純に瑕疵物件を紹介してもらっている訳ではないらしい。

「そもそもな、東京、大阪なら分からんが、北海道で瑕疵物件を紹介してくれって言うてみ。変な顔されるか、頭おかしい扱いでしまいや。そんな物件も抱えているっちゅーことは、碌な店じゃないって評判になるんや。そこをうまいこと突いて、転々としていくのが、わしみたいなプロやな」

転々としていく、という話が出たが、結構な数の転居を繰り返しているらしい。

通常なら、引っ越しの費用も馬鹿にならないものだと思えるが、そうではないらしい。

「アホか、そんなんに銭使うてられるか。生涯ビンボの田沢さんやぞ」

これまでに退去費用は支払ったことがないという。

とはいえ、一切、恫喝などはしていない。彼流の交渉術で、話を纏める。

酷いときには僅かではあるがお金を頂き、引っ越し代に使ってくださいと言われたこともあるという。

「そこまでいってのプロやな。家に銭が掛からんなら、必死に働く必要はあらへん。人生満喫するっちゅーことは、こういうことやがな」

どうやら家賃も破格のものであるため、一度も気にしたことがないらしい。

では彼の生活を覗いてみよう。

基本、家具と呼べるような物はない。

僅かな衣服を部屋の隅に固めて、せんべい布団で寝るためだけに家に帰っているらしい。

「じゃあ、今の所は瑕疵物件なんですか？　それとも違うんですか？」

「そもそもあんさん、【瑕疵】の意味分かってます？　わてが何とも思わんのに、瑕疵になる訳がおまへんやろ」

現在、田沢さんが住んでいる間取りは六畳一間で、気持ち程度の小さな台所が付いている。

トイレは共同で、四世帯が利用しているらしい。

ただ、他の住人とすれ違ったことはない。

その建物に住んでいるのは田沢さんだけなのかもしれないし、皆訳ありで生活時間が違っているのかもしれない。

「別に何の問題もあらへん。前の爺さんはここで死んでたらしいが、そんなん今の時代じゃ当たり前やろ。腐ってたのも、人なら死んだら腐るわな」

余りにもあっけらかんと話すので、おかしな現象が起きたりはしていないのだろうと思われた。

ところがどうやら違うらしい。

寝ていると、『カン、カン……』という金属音が聞こえてくる。

その音は目を開けるとぴたりと止むが、また目を閉じると鳴り始める。

大概は朝方までその現象は続く。

また、酷く掠れた声とともに、『起きろ……起きろ……』と肩を揺さぶられることもある。

振り向き確認するが、誰の姿も見えない。

「これな、多分、爺さんが死んでもボケてるんや。だから無視や。人は何でも慣れるもんやから、気にならんようになる」

田沢さんがそれまでに住んできた場所で、怪異が起きていないところというのは存在しないらしい。

異音がするのは何処でも当たり前。

誰もいないのに玄関チャイムが鳴ったところ、勝手にドアが開くところ、日常的に金縛りになるところ、部屋の壁から壁へ見知らぬ人が擦り抜けていくところ、例を挙げたらキリがないらしい。

「でもな、こんなんこっちの取り方一つや。全部わての勘違いかもしれへんやろ？　そんなんで、ガタガタ言うとるようじゃ、立派な大人になれへんがな」

一度取材として自宅へお邪魔することを申し出たが、簡単に断られる。

「あんな、先に言うとるやろ。こっちには大人の事情があるんや。それを超える金銭をあんさんが出す言うなら、考えんでもないけどな」

田沢さんの提示する金額は常軌を逸していた。

簡単に言うなら、国産の高級自動車が買えてしまう。

「ほな、あきまへんわ。まあ、話だけならいつでも付き合いますわ。飯、酒付きならつーのは当然やけどな」

仮に彼の言う通りの何かしらの事情はあるとして、そこまでの報酬を得ているとは到底思えない。

それならば彼の生活水準は一定のレベルを保てるはずである。

かといって嘘を吐いているとは思えない。

恐らくは本当に自由を満喫したいのだろう。

つまりは自らのテリトリーに第三者が介入することを嫌っての発言だと思われる。

それから三カ月が過ぎた。

知人の話で、田沢さんがまた引っ越しをしたらしいと聞く。

新しいお話が何か聞けないものかと電話を掛けてみたが、連絡を取ることはできなかった。

そうしているうちに、一月ほどが過ぎていた。

突然、田沢さんからの連絡があり、その夜に会う約束を取り付けた。

電話での口調はいつもとは違い、元気がないように思われた。


「ああ、どうも……」

待ち合わせた場所は小さな区切りのある居酒屋。

真剣な話がある、という彼の意向により、その店を選んだ。

いつもの田沢さんなら、席に着くなりメニューを開き、大量の注文を一度にこなす。

ところがその日は違った。

俯き気味な彼は、何か言いあぐねている。

場の雰囲気を変えようと、適当に注文をする。

彼は出てきたビールを一気に飲み干すと、ぼつりと呟いた。

「ちょっとな、気になるっちゅーか……」

また言葉に詰まっているので、追加のビールを頼んだ。

田沢さんはつまみには一切手を付けず、酒だけを飲み続ける。

暫くすると、漸くほろ酔いになり始めた。

「でな、気の所為なんやけど、それを何とかしてほしいんや……」

話が全く見えないので、時間を掛けながら徐々に理解をしていく。

田沢さんの話によるとこうだ。

——引っ越しをしたその夜、自分の横に人の気配がした。

もちろん、誰もいないし、何かが見えた訳でもない。

だが、気配というものがどんどん濃密になっていく。

（なんや、どないなっとうねん）

それでも無視を決め込み、カップラーメンを啜（すす）っていると、彼の肘に何かが当たった。

何かとは言ったが、彼の脳内では人の肘が再現される。

（んな訳ないやろ……）

気にしないでスープを飲んでいるとき、突然、彼の首が絞められた。

余りの苦しさに、カップラーメンを落としてしまう。

熱いスープが身体に掛かるが、そんなことは気にしていられない。

（殺される……）

必死に抵抗しようとした田沢さんは、首を絞め上げてくる掌を引き剥がそうとするが、触れることができない。

ただ首に掛かる圧力は強まるばかりである。

（もう駄目だ……）

諦めかけて視線を逸らした先の鏡に、人の腕が映りこんだ。

アングル的に田沢さんの首を絞めている腕のはずである。

太い腕は筋肉の隆起がありありと分かり、本気で彼を絞め殺そうとしているのが伝わる。

一瞬だけ、意識が途絶えた。

すると呼吸ができるようになり、咽せて咳が止まらなくなる。

「ガッ、ゲホッ、ガッ、ブハッ……」

首を締め上げる力はもう感じない。

田沢さんは怯えるように周囲を見渡したが、既に人の気配も消え失せていた。

「あれ？　田沢さん、鏡なんて置いてたりしてましたっけ？」

「いや、違うんや。今のとこに端からあったんや」

田沢さんの入居時は特殊なので、内覧などは一切していないらしい。

部屋の鍵を受け取り、初めて部屋に入る。

部屋の造りにはさほどの興味がないため、水回りとトイレの場所が分かればそれでいいという。

「でな、床の上に置かれてたんや。まあ、あれば便利かもしれんし、そのままにしておいたんやな。これくらいの大きさで、裏に針金みたいんが付いとって、立てられる奴や」

横幅二十センチ、縦幅四十センチほどの大きさで、表面はシンプルに鏡面のみ。

恐らく昭和の物と思える古い雰囲気がするものだそうだ。

「で、そのお話が、この深刻な感じの田沢さんになってる原因だと……」

「アホか！　そないなことでここまでなるかい！　こんなん序盤や！」

一度声を荒らげるが、ふーっと大きく息を吐くと、また黙り込む。

「……聞きたいんやが、お化けに殺されるなんてことがあるんか？　あっちは死んどんやで。わてとは何の関係もあらへんはずや。そんなんが、何でわてを狙うんや？」

田沢さんの話によると、お湯を沸かしていた鍋が、彼を目掛けて飛んできたこともあるという。

先のカップラーメンのときといい、田沢さんの身体には火傷の痕が多数残っていた。

そして今も部屋の中には家具と呼べる物がないのだが、田沢さんが寝ていると箪笥（たんす）のような大きさの物が彼の上に倒れてきたりする。

重量感を伴っているのでその衝撃で目が覚めるのだが、視界には何も映らない。

触れることのできない重量物に押し潰されそうになり、気を失ったことは一度や二度では済まない。

余りに理解不能なことが続くため、彼は交渉元である不動産屋に話を聞いてみた。

「それはルール違反ですよ。詮索しないのが取り決めですよね」

相手側の回答はこの一言だけだったという。

「近々、また振り込んでおきますから……」

電話を切る際にそう告げられた。

田沢さんが翌日の夕方に銀行口座を確認すると、十万円が振り込まれていた。

これまでの物件で、そこまでの厚遇は受けたことがないらしい。

ここを上手く利用すれば稼げると思う一方、そこまでヤバいところなのだと痛感する。

私を呼び出した理由は、除霊的なことをできる人を紹介してもらうか、効果のあるお札の入手先を知りたかったということになる。

とりあえず、過去の伝手を辿って、一人の女性を紹介した。

「じゃあ早速、明日にでも来てもらいますわ」

急に機嫌の良くなった田沢さんはつまみを食べ始める。

更には追加注文を大量にし、泥酔状態になるまで飲み続けた。

「ほな……今日はネカフェで泊まりますんで……」

千鳥足で帰っていく田沢さんを見送る。

酒が進み、饒舌(じょうぜつ)になった彼からの情報によると、今の物件は結構長い間入居することになりそうだという。

取引先の反応から、それは分かるらしい。

「それやさかい、その女の人の力で霊に大人しくしてもらいまっしゃろ。そやけど、あっちには『アカン、無理や』ってマメに連絡してみ、わては一気に大金持ちになれるって寸法や」

下卑た笑みを浮かべる田沢さんの顔を思い出しながら、私も帰途に就いた。

翌日、仕事中で出られなかった電話に留守電が残されていた。

そこには激怒した状態の田沢さんからのメッセージがあった。

「なんやねんあの女！　クソも使えん！　私には無理ですって何や！　あんさんも使えんわ！　もういいわ、わてが自分で何とかするわ！」

すぐに折り返し電話を掛けるが、一向に出てくれない。

仕方がないので、紹介した女性に事情を聞いてみることにした。

「やはり怒ってそちらに行きましたか……」

彼女は田沢さんの家の前まで行ったという。

上機嫌な田沢さんはちゃっちゃと片付けてしまって、と言うが、彼女の足は進まない。

「私には無理です……」

その一言に一瞬固まった田沢さんだが、豹変して罵り始めた。

暫くはその状況に耐えていたが、埒が明かないので、「ごめんなさい」と言い残し、その場を後にした。

「一体、何があるんですか、そこ……」

「うーん、一言では表現できないんだけど、簡単にいえば複合的な場所……」

彼女によると、そこは人が住んではいけないところ。

過去には病死した者、精神的におかしくなって病院へ入った者、無理心中をした貧しい家族、付け加えるように周囲の開発で変化した霊道までが刺さりこんでいるらしい。

「でね……あの人、多分怒らせる……」

彼女には田沢さんの未来が見えているらしい。

近くで手に入るお守りなどを大量に用意し、部屋中に画鋲で留めている。

そもそもの使用方法も違えば、お守りの種類も意味も理解していない田沢さんは大量の霊をお守りの中に呼び寄せてしまうことになるらしい。

「精神的におかしくなるし、命に関わる事態に追い込まれてしまうよ……」

彼女の真剣な話し方に言葉を失った。

「出るしかないの、逃げるのが一番なの。私の言葉を聞いてくれなかったから、貴方のほうから伝えてあげてください」

その後、何度も田沢さんに連絡を試みるが、音信不通は続いた。

彼女に家の場所を聞いて、直接訪ねることも考えたが、それは叶わなかった。

「余計な手出しは更に状況を悪化させるだけだからできません」

毅然とした彼女の反応に、私は従うしかなかった。


田沢さんと連絡が取れなくなってから三カ月が過ぎた。

他の知り合いに色々と聞いてみるが、確証のない話しか出てこない。

「パチンコ屋で見かけたよ。声を掛けたが、無視されたなぁ。毒黒い顔色してるから、それ以上は話し掛けなかったけど」

「通りで会ったけど、別人のように痩せてたなぁ。何か気持ち悪くてスルーしちゃったよ」

「あれ？　二週間前に車に轢(ひ)かれたのってそうじゃないの？　田沢君だって誰かが言ってたけどなぁ」

それ以降も真偽は定かではない話は多数出てきたが、会えないままに更に半年が過ぎた。


ある日のこと、所用で町中を歩いていると、信号に引っ掛かった。

ふと視線を先に向けると、反対側の歩道でこちらを見ている人がいた。


「田沢さん!!」

思わず声を上げてしまう。

確かにすっかり痩せてしまっているが、ぎょろりとした目つきは彼に間違いがなかった。

そして青白い、という言葉では生易しい程に、彼の顔色は青味を帯びていた。

彼は私に気付いたようににやりと笑うと、いつの間にかその姿を消してしまった。

白昼夢でも見ていたのだろうか……。

そう思いながら周囲を探すと、ビルとビルの隙間に入っていく後ろ姿が見えた。

信号が変わり、その場所まで駆けつけるも田沢さんの姿はない。

非常に狭い小路は数メートル先で行き止まりになっており、何処かに入れるようなドアなども見当たらなかった。

(もしかしたら、この辺に田沢さんの住居があるのかもしれない)

そんな予感もしたが、やはりそれも何の確証もない。

――現在も、田沢さんの消息は不明のままである。

著者あとがき

煙鳥

現在、敷地のど真ん中、かつ二階に祠がある家に引っ越しをしました。今のところ怪異は起こっておりませんが素敵な家です。

神沼三平太

事故物件を巡って怪異を祓って回るというアルバイトをしている人と知り合いだったことがあります。当時日給一万八千円とのこと。果たして相場として安いのか高いのか。

高野 真

前回のアンソロは病院、そして今回は家。もはや安全な場所はどこにもないのです。皆さん、くれぐれもお気をつけください（万一、何か体験されたらご一報ください）。

住倉カオス

怪異を扱うことについての論考を、事情により抜粋したものです。完全形はまたいずれ。

高田公太

歳のせいか、事故物件怪談は聞いても気が滅入ります。「何かが出た」のみを楽しむのではなく、「かつてそこに誰かが住んでいた」ことを読んでほしいです。

橘 百花

以前部屋探しをしていたときに、浴槽が真っ黒なところがありました。事故物件ではないと笑顔で説明されました。そんなことを思い出しました。

つくね乱蔵

表に出ない事故物件は多い。貴方が次に借りる——いや、今暮らしている部屋が、そうかもしれない。

戸神重明
内藤 駆
ねこや堂
服部義史
久田樹生
松本エムザ
渡部正和
加藤 一

数年前に祖父の代から受け継いだ土地を手放した。嫌な思い出が多く、長いこと住んでいなかったためだが、家屋が解体された光景を見たら、不思議と寂しい気がした。事故物件ネタ、自分のような素人にはなかなか見つけるのは難しいですね。……その方が良いのかもしれません。

近所に崩壊寸前で取り壊されたゴミ屋敷があります。普通の住宅から七年掛けて荒れていく様に、人の有り様が投影されているようでした。住人はどうなったんでしょうね？このお話の舞台は札幌です。彼に心当たりのある人は、是非、情報をお寄せください。……心より、彼の無事を願っております。

今回の奇譚ルポルタージュを〈四つの話＋α〉という構成にしたのには、諸般の事情があります。

「お持ち帰り」に登場する電話バイトは、実は私もかつて経験が。鬼のようにリクエストした新人さんは現在では大御所歌手として活躍されており、非常に感慨深いです。

採話にはまだまだ厳しい状況が続きますが、お陰様で今回もまた新しい怪異をご紹介できました。貴重な話をお聞かせいただいた皆様に重ねて御礼申し上げます。

出る物件と言えば井戸の真上に昇降機を据えたあの井戸マンション。竣工初年度の飛び降り未遂事件の他に、虚空に向かって叫び続ける住人がいるのが気になってます。

本書の実話怪談記事は、恐怖箱 怨霊不動産のために新たに取材されたものなどを中心に構成されています。快く取材に応じていただいた方々、体験談を提供していただいた方々に感謝の意を述べるとともに、本書の作成に関わられた関係者各位の無事をお祈り申し上げます。

あなたの体験談をお待ちしています
http://www.chokowa.com/cgi/toukou/

恐怖箱公式サイト
http://www.kyofubako.com/

恐怖箱 怨霊不動産

2021年7月6日　初版第一刷発行

編著……………………………………………………………………… 加藤 一
共著……煙鳥／神沼三平太／高野 真／住倉カオス／高田公太／橘 百花／つくね乱蔵
戸神重明／内藤 駆／ねこや堂／服部義史／久田樹生／松本エムザ／渡部正和
カバーデザイン…………………………………………… 橋元浩明（sowhat.Inc）

発行人………………………………………………………………………後藤明信
発行所……………………………………………………………株式会社　竹書房
〒102-0075　東京都千代田区三番町 8-1　三番町東急ビル 6F
email: info@takeshobo.co.jp
http://www.takeshobo.co.jp
印刷・製本……………………………………………………中央精版印刷株式会社